U0152195

心一堂術數古籍珍本叢刊

書名：蔣大鴻嫡傳三元地理秘書十一種批注

系列：心一堂術數古籍珍本叢刊 堪輿類 蔣徒張仲馨三元真傳系列

第二輯 177

作者：【清】蔣大鴻原著、【清】汪云吾、劉樂山註

主編、責任編輯：陳劍聰

心一堂術數古籍珍本叢刊編校小組：陳劍聰 素聞 梁松盛 鄒偉才 虛白盧主

出版：心一堂有限公司

網址：sunyata.cc

電話號碼：+852-6715-0840 +852-6633-7949

地址／門市：香港九龍旺角西洋菜南街五號好望角大廈一〇〇三室

網上論壇：http://bbs.sunyata.cc/

網上書店：http://book.sunyata.cc

電郵：sunyatabook@gmail.com
publish.sunyata.cc

平裝

版次：二零一六年十二月初版

定價：港幣 三百八十元正
人民幣 三百八十元正
新台幣 一千五百八十元正

國際書號：ISBN 978-988-8317-45-5

版權所有 翻印必究

香港及海外發行：香港聯合書刊物流有限公司

地址：香港新界大埔汀麗路三十六號中華商務印刷大廈三樓

電話號碼：+852-2150-2100

傳真號碼：+852-2407-3062

電郵：info@suplogistics.com.hk

台灣發行：秀威資訊科技股份有限公司

地址：台灣台北市內湖區瑞光路七十六巷六十五號一樓

電話號碼：+886-2-2796-3638

傳真號碼：+886-2-2796-1377

網絡書店：www.bodbooks.com.tw

台灣讀者服務中心：國家書店

地址：台灣台北市中山區松江路二〇九號一樓

電話號碼：+886-2-2518-0207

傳真號碼：+886-2-2518-0778

網絡書店：http://www.govbooks.com.tw/

中國大陸發行・零售：心一堂書店

深圳地址：中國深圳羅湖立新路六號東門博雅負一層零零八號

電話號碼：+86-755-8222-4934

北京地址：中國北京東城區雍和宮大街四十號

心一店淘寶網：http://sunyatacc.taobao.com

心一堂術數古籍 珍本 整理 叢刊 總序

術數定義

術數，大概可謂以「推算（推演）、預測人（個人、群體、國家等）、事、物、自然現象、時間、空間方位等規律及氣數，並或通過種種『方術』，從而達致趨吉避凶或某種特定目的」之知識體系和方法。

術數類別

我國術數的內容類別，歷代不盡相同，例如《漢書·藝文志》中載，漢代術數有六類：天文、曆譜、五行、蓍龜、雜占、形法。至清代《四庫全書》，術數類則有：數學、占候、相宅相墓、占卜、命書、相書、陰陽五行、雜技術等，其他如《後漢書·方術部》、《藝文類聚·方術部》、《太平御覽·方術部》等，對於術數的分類，皆有差異。古代多把天文、曆譜、及部分數學均歸入術數類，而民間流行亦視傳統醫學作為術數的一環；此外，有些術數與宗教中的方術亦往往難以分開。現代民間則常將各種術數歸納為五大類別：命、卜、相、醫、山，通稱「五術」。

本叢刊在《四庫全書》的分類基礎上，將術數分為九大類別：占筮、星命、相術、堪輿、選擇、三式、讖諱、理數（陰陽五行）、雜術（其他）。而未收天文、曆譜、算術、宗教方術、醫學。

術數思想與發展——從術到學，乃至合道

我國術數是由上古的占星、卜筮、形法等術發展下來的。其中卜筮之術，是歷經夏商周三代而通過「龜卜、著筮」得出卜（筮）辭的一種預測（吉凶成敗）術，之後歸納並結集成書，此即現傳之《易

經》。經過春秋戰國至秦漢之際，受到當時諸子百家的影響、儒家的推崇，遂有《易傳》等的出現，原本是卜筮術書的《易經》，被提升及解讀成有包涵「天地之道（理）」之學。因此，《易・繫辭傳》曰：「易與天地準，故能彌綸天地之道。」

漢代以後，易學中的陰陽學說，與五行、九宮、干支、氣運、災變、律曆、卦氣、讖緯、天人感應說等相結合，形成易學中象數系統。而其他原與《易經》本來沒有關係的術數，如占星、形法、選擇，亦漸漸以易理（象數學說）為依歸。《四庫全書・易類小序》云：「術數之興，多在秦漢以後。要其旨，不出乎陰陽五行，生尅制化。實皆《易》之支派，傳以雜說耳。」至此，術數可謂已由「術」發展成「學」。

及至宋代，術數理論與理學中的河圖洛書、太極圖、邵雍先天之學及皇極經世等學說給合，通過術數以演繹理學中「天地中有一太極，萬物中各有一太極」（《朱子語類》）的思想。術數理論不單已發展至十分成熟，而且也從其學理中衍生一些新的方法或理論，如《梅花易數》、《河洛理數》等。

在傳統上，術數功能往往不止於僅僅作為趨吉避凶的方術，及「能彌綸天地之道」的學問，亦有其「修心養性」的功能，「與道合一」（修道）的內涵。《素問・上古天真論》：「上古之人，其知道者，法於陰陽，和於術數。」數之意義，不單是外在的算數、歷數、氣數，而是與理學中同等的「道」、「理」--心性的功能，北宋理氣家邵雍對此多有發揮：「聖人之心，是亦數也」、「萬化萬事生乎心」、「心為太極」。《觀物外篇》：「先天之學，心法也。……蓋天地萬物之理，盡在其中矣，心一而不分，則能應萬物。」反過來說，宋代的術數理論，受到當時理學、佛道及宋易影響，認為心性本質上是等同天地之太極。天地萬物氣數規律，能通過內觀自心而有所感知，即是內心也已具備有術數的推演及預測、感知能力；相傳是邵雍所創之《梅花易數》，便是在這樣的背景下誕生。

《易・文言傳》已有「積善之家，必有餘慶；積不善之家，必有餘殃」之說，至漢代流行的災變說及讖緯說，我國數千年來都認為天災，異常天象（自然現象），皆與一國或一地的施政者失德有關；下

至家族、個人之盛衰，也都與一族一人之德行修養有關。因此，我國術數中除了吉凶盛衰理數之外，人心的德行修養，也是趨吉避凶的一個關鍵因素。

術數與宗教、修道

在這種思想之下，我國術數不單只是附屬於巫術或宗教行為的方術，又往往是一種宗教的修煉手段，通過術數，以知陰陽，乃至合陰陽（道）。「其知道者，法於陰陽，和於術數。」例如，「奇門遁甲」術中，即分為「術奇門」與「法奇門」兩大類。「法奇門」中有大量道教中符籙、手印、存想、內煉的內容，是道教內丹外法的一種重要外法修煉體系。甚至在雷法一系的修煉上，亦大量應用了術數內容。此外，相術、堪輿術中也有修煉望氣（氣的形狀、顏色）的方法；堪輿家除了選擇陰陽宅之吉凶外，也有道教中選擇適合修道環境（法、財、侶、地中的地）的方法，以至通過堪輿術觀察天地山川陰陽之氣，亦成為領悟陰陽金丹大道的一途。

易學體系以外的術數與的少數民族的術數

我國術數中，也有不用或不全用易理作為其理論依據的，如揚雄的《太玄》、司馬光的《潛虛》。也有一些占卜法、雜術不屬於《易經》系統，不過對後世影響較少而已。

外來宗教及少數民族中也有不少雖受漢文化影響（如陰陽、五行、二十八宿等學說。）但仍自成系統的術數，如古代的西夏、突厥、吐魯番等占卜及星占術，藏族中有多種藏傳佛教占卜術、苯教占卜術；北方少數民族有薩滿教占卜術；不少少數民族如水族、白族、布朗族、佤族、彝族、苗族等，皆有占雞（卦）草卜、雞蛋卜等術，納西族的占星術、占卜術，彝族畢摩的推命術、占卜術……等等，都是屬於《易經》體系以外的術數。相對上，外國傳入的術數以及其理論，對我國術數影響更大。

曆法、推步術與外來術數的影響

我國的術數與曆法的關係非常緊密。早期的術數中，很多是利用星宿或星宿組合的位置（如某星在某州或某宮某度）付予某種吉凶意義，并據之以推演，例如歲星（木星）、月將（某月太陽所躔之宮次）等。不過，由於不同的古代曆法推步的誤差及歲差的問題，若干年後，其術數所用之星辰的位置，已與真實星辰的位置不一樣了；此如歲星（木星），早期的曆法及術數以十二年為一周期（以應地支），與木星真實周期十一點八六年，每幾十年便錯一宮。後來術家又設一「太歲」的假想星體來解決，是歲星運行的相反，週期亦剛好是十二年。而術數中的神煞，很多即是根據太歲的位置而定。又如六壬術中的「月將」，原是立春節氣後太陽躔娵訾之次而稱作「登明亥將」，至宋代，因歲差的關係，要到雨水節氣後太陽才躔娵訾之次，當時沈括提出了修正，但明清時六壬術中「月將」仍然沿用宋代沈括修正的起法沒有再修正。

由於以真實星象周期的推步術是非常繁複，而且古代星象推步術本身亦有不少誤差，大多數術數除依曆書保留了太陽（節氣）、太陰（月相）的簡單宮次計算外，漸漸形成根據干支、日月等的各自起例，以起出其他具有不同含義的眾多假想星象及神煞系統。唐宋以後，我國絕大部分術數都主要沿用這一系統，也出現了不少完全脫離真實星象的術數，如《子平術》、《紫微斗數》、《鐵版神數》等。後來就連一些利用真實星辰位置的術數，如《七政四餘術》及選擇法中的《天星選擇》，也已與假想星象及神煞混合而使用了。

隨着古代外國曆（推步）、術數的傳入，如唐代傳入的印度曆法及術數，元代傳入的回回曆等，其中我國占星術便吸收了印度占星術中羅睺星、計都星等而形成四餘星，又通過阿拉伯占星術而吸收了其中來自希臘、巴比倫占星術的黃道十二宮、四大（四元素）學說（地、水、火、風），並與我國傳統的二十八宿、五行說、神煞系統並存而形成《七政四餘術》。此外，一些術數中的北斗星名，不用我國傳統的星名：天樞、天璇、天璣、天權、玉衡、開陽、搖光，而是使用來自印度梵文所譯的：貪狼、巨

門、祿存、文曲、廉貞、武曲、破軍等，此明顯是受到唐代從印度傳入的曆法及占星術所影響。如星命術中的《紫微斗數》及堪輿術中的《撼龍經》等文獻中，其星皆用印度譯名。及至清初《時憲曆》，置閏之法則改用西法「定氣」。清代以後的術數，又作過不少的調整。

此外，我國相術中的面相術、手相術，唐宋之際受印度相術影響頗大，至民國初年，又通過翻譯歐西、日本的相術書籍而大量吸收歐西相術的內容，形成了現代我國坊間流行的新式相術。

陰陽學——術數在古代、官方管理及外國的影響

術數在古代社會中一直扮演着一個非常重要的角色，影響層面不單只是某一階層、某一職業、某一年齡的人，而是上自帝王，下至普通百姓，從出生到死亡，不論是生活上的小事如洗髮、出行等，大事如建房、入伙、出兵等，從個人、家族以至國家，從天文、氣象、地理到人事、軍事，從民俗、學術到宗教，都離不開術數的應用。我國最晚在唐代開始，已把以上術數之學，稱作陰陽（學），行術數者稱陰陽人。（敦煌文書、斯四三二七唐《師師漫語話》：「以下說陰陽人謾語話」，此說法後來傳入日本，今日本人稱行術數者為「陰陽師」）。一直到了清末，欽天監中負責陰陽術數的官員中，以及民間術數之士，仍名陰陽生。

古代政府的中欽天監（司天監），除了負責天文、曆法、輿地之外，亦精通其他如星占、選擇、堪輿等術數，除在皇室人員及朝庭中應用外，也定期頒行日書、修定術數，使民間對於天文、日曆用事吉凶及使用其他術數時，有所依從。

我國古代政府對官方及民間陰陽學及陰陽官員，從其內容、人員的選拔、培訓、認證、考核、律法監管等，都有制度。至明清兩代，其制度更為完善、嚴格。

宋代官學之中，課程中已有陰陽學及其考試的內容。（宋徽宗崇寧三年〔一一零四年〕崇寧算學令：「諸學生習……並曆算、三式、天文書。」「諸試……三式即射覆及預占三日陰陽風雨。天文即預

定一月或一季分野災祥，並以依經備草合問為通。」

金代司天臺，從民間「草澤人」（即民間習術數人士）考試選拔：「其試之制，以《宣明曆》試推步，及《婚書》、《地理新書》試合婚、安葬，並《易》筮法、六壬課、三命、五星之術。」（《金史》卷五十一·志第三十二·選舉一）

元代為進一步加強官方陰陽學對民間的影響、管理、控制及培育，除沿襲宋代、金代在司天監掌管陰陽學及中央的官學陰陽學課程之外，更在地方上增設陰陽學課程（《元史·選舉志一》：「世祖至元二十八年夏六月始置諸路陰陽學。」）地方上也設陰陽學教授員，培育及管轄地方陰陽人。（《元史·選舉志一》：「（元仁宗）延祐初，令陰陽人依儒醫例，於路、府、州設教授員，凡陰陽人皆管轄之，而上屬於太史焉。」）自此，民間的陰陽術士（陰陽人），被納入官方的管轄之下。

至明清兩代，陰陽學制度更為完善。中央欽天監掌管陰陽學，明代地方縣設陰陽學正術，各州設陰陽學典術，各縣設陰陽學訓術。陰陽人從地方陰陽學肄業或被選拔出來後，再送到欽天監考試。（《大明會典》卷二二三：「凡天下府州縣舉到陰陽人堪任正術等官者，俱從吏部送（欽天監），考中，送回選用；不中者發回原籍為民，原保官吏治罪。」）清代大致沿用明制，凡陰陽術數之流，悉歸中央欽天監及地方陰陽官員管理、培訓、認證。至今尚有「紹興府陰陽印」、「東光縣陰陽學記」等明代銅印，及某某縣某某之清代陰陽執照等傳世。

清代欽天監漏刻科對官員要求甚為嚴格。《大清會典》「國子監」規定：「凡算學之教，設肄業生。滿洲十有二人，蒙古、漢軍各六人，於各旗官學內考取。漢十有二人，於舉人、貢監生童內考取。」學生在官學肄業、貢監生肄業或考得舉人後，經過了五年對天文、算法、陰陽學的學習，其中精通陰陽術數者，會送往漏刻科。而在欽天監供職的官員，《大清會典則例》「欽天監」規定：「本監官生三年考核一次，術業精通者，保題升用。不及者，停其升轉，再加學習。如能黽

勉供職，即予開復。仍不及者，降職一等，再令學習三年，能習熟者，准予開復，仍不能者，黜退。」

除定期考核以定其升用降職外，《大清律例》中對陰陽術士不準確的推斷（妄言禍福）是要治罪的。

《大清律例．一七八．術七．妄言禍福》：「凡陰陽術士，不許於大小文武官員之家妄言禍福，違者杖

一百。其依經推算星命卜課，不在禁限。」大小文武官員延請的陰陽術士，自然是以欽天監漏刻科官員

或地方陰陽官員為主。

官方陰陽學制度也影響鄰國如朝鮮、日本、越南等地，一直到了民國時期，鄰國仍然沿用着我國的

多種術數。而我國的漢族術數，在古代甚至影響遍及西夏、突厥、吐蕃、阿拉伯、印度、東南亞諸國。

術數研究

術數在我國古代社會雖然影響深遠，「是傳統中國理念中的一門科學，從傳統的陰陽、五行、九

宮、八卦、河圖、洛書等觀念作大自然的研究。……傳統中國的天文學、數學、煉丹術等，要到上世紀

中葉始受世界學者肯定。可是，術數還未受到應得的注意。術數在傳統中國科技史、思想史，文化史、

社會史，甚至軍事史都有一定的影響。……更進一步了解術數，我們將更能了解中國歷史的全貌。」

（何丙郁《術數、天文與醫學中國科技史的新視野》，香港城市大學中國文化中心。）

可是術數至今一直不受正統學界所重視，加上術家藏秘自珍，又揚言天機不可洩漏，「（術數）乃

吾國科學與哲學融貫而成一種學說，數千年來傳衍嬗變，或隱或現，全賴一二有心人為之繼續維繫，賴

以不絕，其中確有學術上研究之價值，非徒癡人說夢，荒誕不經之謂也。其所以至今不能在科學中成立

一種地位者，實有數因。蓋古代士大夫階級目醫卜星相為九流之學，多恥道之；而發明諸大師又故為惝

恍迷離之辭，以待後人探索；間有一二賢者有所發明，亦秘莫如深，既恐洩天地之秘，復恐譏為旁門左

道，始終不肯公開研究，成立一有系統說明之書籍，貽之後世。故居今日而欲研究此種學術，實一極困

難之事。」（民國徐樂吾《子平真詮評註》，方重審序）

現存的術數古籍，除極少數是唐、宋、元的版本外，絕大多數是明、清兩代的版本。其內容也主要是明、清兩代流行的術數，唐宋或以前的術數及其書籍，大部分均已失傳，只能從史料記載、出土文獻、敦煌遺書中稍窺一鱗半爪。

術數版本

坊間術數古籍版本，大多是晚清書坊之翻刻本及民國書賈之重排本，其中豕亥魚魯，或任意增刪，往往文意全非，以至不能卒讀。現今不論是術數愛好者，還是民俗、史學、社會、文化、版本等學術研究者，要想得一常見術數書籍的善本、原版，已經非常困難，更遑論如稿本、鈔本、孤本等珍稀版本。在文獻不足及缺乏善本的情況下，要想對術數的源流、理法、及其影響，作全面深入的研究，幾不可能。

有見及此，本叢刊編校小組經多年努力及多方協助，在海內外搜羅了二十世紀六十年代以前漢文為主的術數類善本、珍本、鈔本、孤本、稿本、批校本等數百種，精選出其中最佳版本，分別輯入兩個系列：

一、心一堂術數古籍珍本叢刊
二、心一堂術數古籍整理叢刊

前者以最新數碼（數位）技術清理、修復珍本原本的版面，更正明顯的錯訛，部分善本更以原色彩色精印，務求更勝原本。并以每百多種珍本、一百二十冊為一輯，分輯出版，以饗讀者。

後者延請、稿約有關專家、學者，以善本、珍本等作底本，參以其他版本，古籍進行審定、校勘、注釋，務求打造一最善版本，方便現代人閱讀、理解、研究等之用。

限於編校小組的水平，版本選擇及考證、文字修正、提要內容等方面，恐有疏漏及舛誤之處，懇請方家不吝指正。

心一堂術數古籍 整理 叢刊編校小組
珍本
二零零九年七月序
二零一四年九月第三次修訂

蔣大鴻嫡傳三元地理秘書十一種批注

玉函真義天元歌自序

昔過我師無極真人於原枝之野扶桑上宮再拜稽首叩問金

丹大道真人曰人道不修仙道遠矣天氣生魂地氣生魄陰陽

魂魄造化之精英性命之根柢於是乎寓焉若祖宗父母靈骨

不棲則二象薄蝕五行為災身且不保而何有於長生久視蟬

脫羽化乎我先授子以玉函之秘山原水國二宅奧樞是名人

世金丹歸葬其親薰以宜民保國建宅開都敬奉無譽我將語

子以道矣個以天道秘密遠則五百年一傳近則三百年一傳

我昔化為無著大士與斗中真人共明此事為扶輪大帝定此

埋金之宅今數應及子運啟後賢傳之匪人適為禍耳於是盟

告三天長跪敬受而玄文妙義不克驟通小憤則昏旦失經火

疑則寒暑易序感月玄童子五華丈人時或伺其寤寐披我幃

闈引喻更端進以神解比其曉悟星歲十週又復梯山浮海跡

夫古帝遺壚神仙窟宅考其制作發其幽奇鞅掌者二十年胝

胝者數千里乃得內無惑思外無疑旨予之得此可謂勞矣故

願廣志殷應物不吝嗇持要妙以示世人而末俗浮囂不遵或

道或始信而終疑或得半而遽足或以偽而亂真授受之間良

為不易惟攜李于生沈生及同郡王生犖姿性肥篤服膺不衰

丁酉之歲偕吾周生翱翔入越○越之彦士○觴予宛委之山禹陵
之下○陵之名蹟載籍顯著○乃其瘞玉之地人莫能知○予登空石
憑虛一覽○指定神禹葬慶其時○同遊者四十餘人○蒼黃不白○獨
餘姚丞相之耳孫呂相烈○趾不旋踵○目不改瞬○應殺撫掌而嘆
息曰○君真神人之鑒哉○雖古之管郭○不加於此矣○願執弟子禮
而問業焉○求卜一坵○奉葵母娶予於宛委南麓○為定馬鬣之封
而呂子之再徙叔師瀗○及弟洪烈○先與予詩酒唱和○得意忘形
縞帶紵衣○顧記古廬○呂氏諸子之定交於予○曠世為期○匪朝伊
夕矣○昔旋陽真君得郭景純曰○負母骨求山靈之秀而葵焉○擇

洞鑿之美而棲焉古之至人祈嚮如此予服旋陽之教以淨名

忠孝為歸母墓未卜其敢即安於越諸山祖於金連天姥委於

四明若耶霄客之所都居羽人之所遊衍願追同好之士披襟

嵐岫坐嘯曲阿生茹其華沒飲其寶以故酉戌之後歲必適越

三浙以東虞江以西足跡幾遍呂子同遊日久山川之變態心

目洞然又欲盡知昔人裁制之法過自把抑而進問於予予遵

奉師訓盟天而傳即皋真人所授玉函真義特著一書以贈呂

子而總其要為夫元歌五篇雖俚言鄙語然寶濟世憂民之所

為而作也呂乃四岳之裔代產異人挺茲後昆詎慚先覺是能

曲暢斯文不晦雲陽之旨使有覺之類咸識慎終名山大川蔚

為時棟即太樸之餘巧實利濟之全能以是窮探道奧翱步虛

無夫豈遠乎

曰

歲在巳亥日月會於玄枵之次中陽子蔣平階大鴻氏題於會

稽之樵風涇

書天元歌自序後

劉子樂山曰丹玄童子数語○即所謂思之思之鬼神通之也○余

聞而善之因思大鴻先生乃明季儒者必無荒誕語其遇無極

真人一事始如琴中之文王夢中之姬公乎斗中真人疑即楊

救貧其長跪敬受者疑即洛書而秘指即全在天氣生魂一段

先生由魂魄以推陰陽知其合又知其分以黙契洛書之数非

十年殫思極慮何能有得非二十年考古証今何能自信以此

知至道之不輕傳亦不終於無傳而傳之之人其攻苦有不得

辞者也或者遂疑蔣公之術出於神授非由研理而得余繼而

蕉照堂傳

為地理辨不得不因蔣公之為儒者而代為之辨

龍江後學汪宜耀士雲氏識

玉函真義

祖師無極真人雲陽君授

雲間中陽子蔣平階大鴻述

門人于鴻猷辰遠

沈憶年秬承

于鴻儀贗仁

周積賢履道

呂相烈衡卿

王玄令錫祚手錄同敬受

玉函真義天元歌

雲間中陽子蔣平階大鴻氏著

第一篇　此篇總論大義乃全書之綱

一元灝氣函三象混沌分開氣

象中氣日月星辰氣中象二氣

地濁成兩儀陰陽互根氣來往

離濁陰本是清陽相惟有人為萬物靈品

配乾坤號參兩一人各具一天地卓立三

才不相讓

此章言陰陽一氣天地一物而人與天

地合體

元陽本是天中來形從大地產根荄至人

父天而母地此是生成妙化裁天元降在

地元中猶如父母攢成胎十月嬰胎非父

職三年乳哺母之懷人生本天而親地地

靈原是天靈栽

此章言地受天氣而生人推原地氣蔭

人之本

生時衣食居夏屋〇萬寶地産名天祿由來

宅相福生人〇帝室皇都壯京國〇死時埋骨

歸黃土返本還元義反覆還從地氣吸〇天

精〇〇化燕〇嘘露金〇玉煉陰仙客解冲虛凡

變化〇〇

骨猶能化百族吉成龍鳳衆靈奇凶作蠱

蟻諸惡毒精魄苦樂人不知但見子孫生

禍福〇

生〇之〇妙

此章言陰陽二宅皆天氣陽精反本化

家秘本

聖賢仙佛也難逃帝王將相莫自豪各有

山川來蔭應今來古往不相饒最小千金

傭販子亦沾微潤樂陶陶不然無祿并絕

世墓宅不與爭秋毫

此章言品類不齊皆屬墓宅之應

所以聖人重此理遷幽卜洛殊焦勞後來

名賢朱蔡輩煌煌史册議最高無奈瞽儒

識見偏譁言求福云違天世上惜財薄糞

者附會其說以文慳一旦偷安拋父骨世

代凋零百不全直使子孫貧夭絕〇不孝莫

大豈為賢況復棺翻并骨腐父母魂魄更

堪憐〇

此章言後人失先賢遺言陷入於不孝〇

世間萬事半荒唐惟有陰陽不可當不言

不笑三尺土掌握禍福急如火笑人不重

祖父墳只望花開不看根僧道乳母且相

應繼子外孫如嫡親〇

此章言地有必應之理〇

墓宅吉凶較量看新墳舊墓也〇相兼墓宅〇

兩興宜鼎盛墓宅兩廢斷人烟宅凶墓吉〇

兒孫慶墓凶宅吉眼前歡祖父新扦沾煞〇

氣高魯曾福蔭他房去寒林忽發一枝榮若非〇

新宅必新塋吉凶山多福來短吉多凶少〇

禍來輕〇

此章言墓宅新舊泰合應驗不可執一〇

而論〇

更看屍骸寒與暖〇歲久骨枯取效緩惡山

惡水偽魯埋銷盡陰靈氣方轉初袤新骨○

天靈完葬乘生氣朝花鮮更遇嫩山并嫩○○○

水一紀之內錦衣還○熟將宅氣來相輔○早

田院裡出官班○

此章言墓氣速應之法○

莫說生來命數奇地元一得天心移○此是○

至人造命訣二十八宿掌中齊莫說窮通○

有骨相騰蛇變作雙龍樣此是仙家換骨○

加死骨不灰生骨壯○

家秘本

此章言地理挽回氣數之妙

勸君大地勿惧求大形大局少根由縱有

千山并萬水與他穴氣不相投一枝一泡

山龍真一鉤一曲水龍神肉眼只嫌結局

小個中生意滿乾坤恨殺時師不識真當

將假局賺他人謀占靈壇并舊墓壞人心

術少安寧豈知吉地方有只在眉頭眼

下尋

此章言戒人勿貪大局而為假地所誤

蔣生二十慈親喪幾度拜師求吉葬家破
多因買地差身喪半為尋師滇幸遇真人
無極子授我玉函法眼藏十年冥悟徹玄
微萬里探奇走烟瘴識得天元造化根花
前月下天機放此書不是術家書河洛馬
龜太極圖義文周孔心相契夏禹殷箕義
不磨管郭遺文多偽托魯揚口訣世間無
若不傳心并傳眼青囊萬卷總糢糊天涯
倘遇知音客留取雲陽醉後歌

此章先生自序地學得傳之由發明作

歌之意○而歸重於口授心傳○

第二篇 此篇論山龍

昔日華山陳處士演成太極傳當世推原○

天地未分時只有坎離水火氣二氣盤桓○

不相離清者為天濁者為地坎離一交成乾○

坤制造大圜如冶鑄黃輿乃是冶中灰水○

火煎烹積滓醫山情剛燥火所凝骨骼支○

撐為砥柱○

此章推原渾天化生之始大地山河成○

象之初○

藜照堂傳

陰脉從乾兑癸來所以陽脉是巽震也。

汪云崑崙之山有向東南出脉者謂之陽脉

崑崙高頂九霄中此是中天泰帝宮海外

三山幾萬里總與此山脉絡通○陽○風○東南○

來震巽如人正面向離風故生聖哲臨夷

夏迤與肩背不相同大幹三條分主輔三

條各有帝王龍帝穴龍神五百里若然百

里作王公但有特龍來數里亦許功名鑄

鼎鐘○

此章概言中國三條龍脉大勢○

欲識龍行先識起○龍若起時勢無比高山

高山出脉一路起頂起脊開帳轉趨忽爾一望平夷
或數里或數十里甚而百里不見踪跡復又重興營

萬仞削芙蓉千里層巒皆俯視此龍多生

火木形放下群枝行八際一枝一葉有龍

神正龍端向中央去只把江南大勢看南

龍起頂是黃山左翼九華開內輔右翼天

目覩東簾正龍勾曲神仙府直到金陵龍

虎蟠山龍一起一龍分數起數分龍蕰尊 力

龍神分去非無穴正幹偏枝力不均

此章言真龍起祖分宗枝幹之理

看 正龍看起復看斷凡屬正龍斷復斷斷時
斷是起龍之心

蘐照堂傳

龍專指正龍而訣

寮再起星峯而後結穴此為正龍莫大之地下章真

真龍結曠野謂左右無龍虎山也落在深岩裡冰岩
即曠野之處結穴之外萬象俱空其為曠野可知惟
曠野故有浪打風吹之象究竟浪不能打風不能吹

百里尖真踪穿江渡水情無限山根委曲

此章言真龍斷伏之妙

識得斷龍方識結結穴玄微最難說世人

求穴近大山且要案山龍虎夾豈知大山

龍未歇總有窩藏及走泄真龍偏結曠野

中踢躍奔騰不怕風饒他落在深岩裡也

要平坡萬象空好龍勇猛向前奔從龍不

及過關津譬若神駒日千里難將凡馬望

著眼

真龍雖無龍虎而外垣却自周濶

時師求龍虎於穴外蔣公求龍虎於穴中

此雄雄即下文賓主之謂

其塵亦似三春抽嫩笋從龍如籜抱其身

一朝雷雨千霄長節高籜落不相親時師

只愧無龍虎真龍真龍虎穴中鑽會得天然

龍虎時浪打風吹皆樂土

此章言真龍結穴變化之奇而辨時師

取用外砂之謬

龍神隻隻顧祖宗如子戀母遠相從若不

祖山為正案另求特案配雌雄百里真龍

百里案賓主威嚴真匹判莫言作案便非

蘅照堂傳

上章破世人龍虎夾之說此章畢世人要案山之說

頂上生峯四句謂陰龍也有好龍四句謂陽龍發慶指高岡平阜至隱之隆之不可目視而可以意會是則骨担完矣

此所謂飛脉○即前所謂斷龍也○其尋斷龍之訣必以石骨為據此蔣公之秘奧也

龍但是高峰都不賤○

此章言真龍相朝相顧自然之情理○

辨穴先須辨落脉落脉乃是穴消息頂上

生峯脉頭角○兩旁開帳龍羽翼○粗枝出細

舊龍

好花房老蚌生珠光滴滴也○有好龍無脉

看高崗平阜只粗頑○彼處祖宗多脫卸數

節之前骨相完夭○率真脉有二種連脉飛

脉精神迥連脉真宗○在本山飛脉他山復

一湧本山定是結盂頭○他山半作抛珠弄

麓

艸中之蛇灰中之線皆指石骨而言

近山飛脉起頂低小土慶石上故曰不嬈土遠山飛

脉起頂高大土慶石中故云石中数

也有飛脉遠数里起伏○愈多龍愈美時師

只道餘氣長或說羅星水口當山宣識真龍

饒變化草蛇灰線最難詳教君到此須求

盡真龍大盡貴非當近山飛脉不嬈土遠

山○飛脉石中数若無真石盡浮泥恐是人

エ○○難證取

此章詳辨真龍出脉變態○

與君細論石中機石是山精骨髓滋時人師

只怕石無穴誰道真龍石始奇真鈕真窩

太極暈不必五色若五色而非圓暈只是凡土

此真土即指太極暈而訣惟迎接之穴不必太極而
亦為真土

石內藏真龍真虎石兩傍識得枕棺龍

石千山玉乳灌心香結穴之石此中推行

龍之石脉胚胎不審其中玄竅理淌山頑

石豈堪裁試言結穴有二品石穴土穴貴 亦

相準石穴端的是窩鉗慎勿鑿傷龍骨髓

土穴太極暈中包內象分明外象隱窩鉗

土色不須論太極重輪仔細尋真土原來

石變化不同凡土五華文世人鑿穴但求

土若逢凡土枉勞神

龍神一轉頭〇固是側落穴但就其結頂垂唇而正下之〇

此章言石土二穴真機〇〇〇〇〇〇〇〇〇〇〇〇

問君下穴有何法〇正龍正下是真訣時師〇〇〇〇〇〇

只說衝腦門每向龍傍尋倚穴精華走失〇

發不全左右偏枯房分絕也有真龍偏側〇〇

定龍是側來穴是正此是龍神一轉頭結〇

頂垂唇巧相稱〇

此章言下穴之法〇

語君結頂是真訣披肝露膽為君說龍不〇〇

起頂非真龍穴不起頂非真穴結頂名為〇〇〇〇〇

一金體

天體至圓穴星稟天陽之氣而內成圓暈必外露金
形所謂產真金此世間萬寶金為寶乏指貨財言此
是真陽露妙情此字專指穴星之真金言同體謂同

傍技旁脈有來情此與流神不同其盡處必有龍處
可證然有外相而無內相葬之者非落在天然之穴
只以人功為之接氣而已後章餘無流神穴用接氣
法然較旁技旁脈卻草弱大局穴必不同

真穴星穴星圓暈產真金世間萬寶金為
寶此是真陽露妙情真龍大地皆同體遇
著真金莫放行亦有穴星熱四曜不離金曰
體是真精
此章言真穴起頂
無極天元無別說只曉真龍并真穴識得
真龍與真穴天機造化為我奪不得真龍
與真穴我師更有方便法傍技傍脈有來
情只要穴後生一突繫粘窆下作穴星此

紫粘二字須著眼

又名為接氣訣人丁財祿兩豐盈亦堪羨

子登黃甲君看當今富貴坟大都接氣非

真結〇

此章言接氣穴法〇

亦有真龍向前行腰間脊上有三停湊著〇

龍身下一穴〇此作騎龍斬氣名〇

此章言騎龍斬關穴法〇

真龍餘氣本非穴〇撞背來時氣未絕亦有

龍傍一脉亦是號流神亦可發〇世人見發〇

家秘本

說穴真豈知龍頷剝明月〇

此章言不得真穴而得餘炁流神二種

皆能發福〇

囑君受穴緊中粘〇莫孅湊煞出趄簷得龍

〇脉真元散受水秉風禍不旋

〇此章言葬法不宜脫氣〇以下直指山

龍諸忌格〇

我有仙人枕中記說盡葬山諸大忌〇一一

分明告世人廣度群迷長生意第一切忌

下空窩空窩積水寒氣多葬下淤沮骨腐
爛○子孫滅絕可奈何凡有水淋生大咎左
淋長子先不宥右淋少子少安寧當背淋
來皆莫救穴無○貼肉若坐空定有淋漓向
穴冲水流割脚猶堪忍水若淋頭立見凶
此章言穴忌空窩○
第二切忌下平坦穴若平坦真情散坐後
全無貼體星平波瀾蕩生憂患
此章言穴忌平坦

三五

蔡熙堂傳

家秘本

第三莫下天風劫高山頂上空無穴高而
有穴不為空無穴天空真劫煞八面風搖
骨作塵此是風輪不可說
此章言穴忌天風
第四莫下龍脇背龍自他行氣不聚縱然
穴後不空虛墻頭壁下無根蔕
此章言穴忌脇背
總之真穴少人知只言惟穴不易窺正脉
正情原不怪須將福德合天機

陽龍節〻是陽胎承上文言淨陰淨陽之法其法以
乾坤辰戌為陽為老巽辛〇艮為陰為嫩此是病〇
之説

此章言真穴非怪惟有德者當之〇以
下皆辦時師俗術從來之誤〇
恨殺堪輿萬卷經當年曾有滅蠻名假託
曾揚為正訣不誤蠻夷惧後生陰〇陽〇兩〇淨〇
卦〇中〇來〇陽龍節〻是陽胎陰〇龍〇剝〇換〇亦如
此只取清純向首排若是嫩〇龍〇終〇是〇嫩〇乾〇
坤〇辰〇戌〇皆英俊若是老〇龍〇終〇是〇老〇巽〇辛〇亥〇
艮〇未〇為寶浪説貴陰而賤陽天下奇龍扞
葬少〇

俗術有從結穴處逆踏至起祖以節々生來為吉尅
者為凶故蔣公以先天五行無生尅曉之
如穴星是金而穴後一節為火星即俗所謂尅胎龍
也真火原從水裡生二句泛指先天無生尅之義不
必深求

此章辨貴陰賤陽之非○

五星只取影中形九星變化亦非真撰出

後天生與尅豈解先天大五行先天五行

無生尅一陽變化皆太極真水原從火裡

生真金本是水中出語君莫避尅胎龍木

金水火原非逆○

此章辨星體五行生尅之非○

更把方隅分五行左迴右轉別陽陰生方

旺地求高峻堪笑時師掌上輪生龍本有

凡穴前所見峯巒皆為應星應星因太歲而聰

生之情死龍亦有死之形生生死死隨龍

變豈在方隅順逆輪

此章辨方位五行生旺墓絕之非

或取喝形來點穴此是神仙留記訣好穴

難將告後人記取真形端摹合混沌初分

即有山世間萬物後來添署物衣冠時代

異那得生成太古前子微玉髓巧分名只

為峯巒論應星若說龍胎真有相後人虛

擬失真情

此章論喝形點穴之非〇

山上龍神不下水〇水先賢眞訣分明語時師

却把水來論衰旺順逆紛無巳〇誰知水泇〇

不關山尖水乾龍會上天直瀉直奔通不〇

忌蝦鬚蟹眼莫求全〇

此章辨山穴重論水法之非〇

雲陽本是先天老衆說紛紜如電掃血淚

沾襟歌再歌〇天機洩盡誰人曉〇

第三篇 此篇論平洋水龍

天下平洋大地多〇平洋龍法更如何〇世人

盡說平洋訣都把山龍泅揣摹平龍原不_{宗地求龍 理氣同而}

與山同郭璞分明說水龍〇水龍一卷從來_{龍脉不〇同}

秘不許輕傳泄化工我代雲陽行普度一

言萬古鑿鴻濛神呵鬼責甘心受造福生

民在掌中山形来落有根原大地平鋪一

片氈首尾去来無定所分枝過峽不須言_{既曰〇平洋則土之分枝過峽皆恍忽之論也}

莫把高低尋起伏休猜渡水復穿田山是〇

水邊逢水界五字相連○或大轉灣而盡○或大轉灣處○有摸渙是水邊又逢水界也○地氣至此便結成穴○

真陽神在骨地是純陰精在血山常葬骨

不離肉惟葬肉不離血人言生氣地中

求豈知地氣水邊流流到水邊逢水界平

原灝氣盡墝收

此章言平地之穴以水為龍與山龍來

脉迥異開千古所未曉

水龍原不異山龍將水作山以類從水龍

即是山龍樣枝幹分行事事同大江大河

榦龍形小溪小澗枝龍情榦水滂蕩必真

穴猶如高山無正結枝水屈曲情相得矣

若成胎有落脈（謂山龍）

此章言水龍行度與山龍枝榦落脈一

體格局

山性本火主炎上水性純水主潤下炎上

高起是真龍潤下低蓄是朝宗山穴後高

丁祿盛水穴後高絕無蹤

此章言水龍與山龍取用高低之辨

自上而下山之止自外而入水之止山來

同一山而有生死之如

一轉名為抱穴○此山單指貼身一轉○非謂但有一轉○

便結富貴之穴也○

二三四五從穴塲數出此言穴前穴後有數摺來

方為大地○

大灣抱處地形可以立穴○無分流為息道有分流為

漏道○

觀轉入二字可知此息道指攀騎三穴而訏上文二

三四五乃穴前穴後之曲水非外護者龍愈多愈美

之謂○

此言一道單纏○穴有龍頭與腰腹之分○圖見水龍經

多止止求真水來多止止貴神若是止形

皆可穴○頑山頑水盡黃金

此章言水龍與山龍各有真止之妙

我有水龍真要訣水行有轉是真結直來

直去龍之僵有灣有動龍之活一轉名為

抱穴龍抱穴富貴在其中○二轉三轉貴不

歇四五卿相不須說轉處不分名息道轉

入分流名漏道○惟有息道是真龍漏道多

轉總成空轉水不漏皆堪穴穴不必止處求

一道單纏之龍腹可騎他小拳〇

龍頭於地局稍偏次不失為精妙〇

來氣回氣坐　砂案砂各得其法是為完全〇

不另開小水

畫結畫結原來是龍頭轉處腰腹亦薰收〇

龍頭偏側俱精妙腰腹完全力始悠〇

此章言水龍轉結真機〇

求全不用水來多一道單纏養太和更有〇

畓龍從外護愈多愈美酒淥酥豬取群龍〇

來輔佐還從一道作龍窠〇

此章言水龍結穴以內水一道為主〇

別有雌雄兩道交交時卻似馬同槽此是〇

水龍奇妙格相吞相戀福淊淊〇

畓龍外護與雌雄兩道俱見水龍經
觀同槽之義可知是兩龍頭兩龍口也歸星錄云圖
韓其口

揝承三轉四轉及一道卑纏與雌雄兩道以明穴星

也見掌足之形亦在內

金圓水曲土方穴身惟取金土二星水星宜在穴前

穴後　凡龍頭穴水身有轉者居多

凡曲折之水必有圓淨可以立穴所謂露金精也

此章言水龍交氣之穴

水中亦中穴龍星五曜時時現正形五曜

只求金水土木身有轉土之情直木火星〔木克火災〕

皆最忌水形吞吐露金精若應三垣并列〔辨象篇　說見帰厚錄〕

宿官階品職最分明但取穴星親切處不

離金土蘊真靈

此章言水龍五行星體

五星論定穴應裁三法千秋慧眼開坐水

騎龍為上格挾龍倚水亦佳哉向水攀龍

掛角謂掌足之形凡掛角之水大抵是半個土星故
因土星掛角之舊法而名之也來脉只一折既不延
長又不歙側六美挌也可換則換不可換則或騎或
攀

胎○謂○貼○身○一○轉○
遠○有○不○遠○而○猶○嫌○其○遠○有○遠○而○實○未○嘗○遠○
沾○着○甚○难○太○曠○太○逼○皆○非○着○也○竟○為○陰○旺○為○陽○陰○陽
交○度○猶○云○交○姤○此○乃○春○意○之○所○由○生

春○謂○合○元○之○水○　　為○虛○在○於○長○短○
真○水○長○短○以○龍○之○全○身○計○結○氣○就○到○頭○處○計○結○氣○長○
短○不○在○孙○頭○之○形○只○在○所○受○之○脉

非○不○美○後○山○有○水○始○無○衰○掛○角○并○兼○三○法
定○莫○親○漏○道○摟○龍○胎
此○章○直○指○水○龍○裁○穴○三○法○歸○本○於○坐○後○
水○神○而○最○忌○漏○道○
龍○胎○雖○固○稱○人○心○遠○水○安○墳○死○氣○侵○沾○着○
水○痕○扦○貼○肉○陰○陽○交○度○自○生○春○
此○章○言○水○龍○下○穴○貼○水○之○要○
平○原○春○到○好○裁○花○把○注○盈○虛○氣○脉○餘○真○水○
短○時○結○氣○短○真○水○長○時○實○可○誇○長○龍○定○主

蔡照堂傳

平環謂到頭之形。
裏謂圓大之水無界水為空車。有界水為帶秀。
末二句言痴蕩濶處不在長短車環只在淺深大小
○把注盈虛氣脉縣言穴炁由龍之全身抱注其炁小
其脉不專在到頭一節也平炁不如環氣足言龍腹
穴之後蔭龍頭穴之本身及到頭一節與穴旁樸拣
皆以環曲為貴也淺濶狹辨龍車言湖蕩穴炁之
盈虛即以湖蕩之淺深濶狹辨之此章只言穴炁不
可誤認為穴法

車謂湖蕩有小水引入是為水乘車空車言無小水
也
此以攀痴龍者言外情即指痴蕩內炁是指穴地歸
專錄所謂若無支息穴坐其圈註以為坐於土圩圈
處者是也
有小水為帶秀小水界清炁方可坐痴蕩為後蔭穴

源源貫串短龍只許富豪家○平炁不如環○氣
足○龍逢轉動發萌芽更有一端分別處淺
深濶狹辨龍車
此章辨別水龍穴氣盈虛福力厚薄久
暫之異○
水若乘車號秀龍空車湖蕩是癡龍得運
癡○龍○能○富○貴○外○情○內○與○氣○要○相○從○帶○秀○癡○龍○
尤○顯○赫○癡○從○後○蔭○福○無○窮○
此章言湖蕩水龍格法

從来水脈後天成○不同山骨先天生山骨

培補終不應水脈疏濬引真情當年無著

修龍法修著之時旦如靈莫道人工逆天

造○江河淮泗禹功平○

此章言水龍修補之妙○此章以上皆論

水龍巒頭體格此章以下乃論水龍理

氣作法○

水龍剖畫骨坐香入用玄機不可量八卦○

三○元并九曜毫釐斗錯落空亡問君八卦

剖畫幹枝行止方論元運

三元以骨訣九曜以局訣其宗一物也

子息為骨蕪宮立向皆斗錯也

言帝王度地之法只取九數也蓋天圓地方以圓之

如何取洛書大數先天矩五帝三皇緯地
書九州九井多經紀只把傍龍一卦藏莫
憑三八分條理識得九龍龍骨真骨若不
真飛不起

十二宮加於方之九宮則方之四隅必無各圓之二
宮聖人定之以八卦又因八卦乃配之以二十四名
色支燕二干維燕二支乃自然不易之法其宗止
於九宮也明堂雖按十二分亦止九宮
傍龍謂子息一卦藏謂子息統於父母○莫憑三八
句謂不可強愚二十四倍以分條理如淨陰淨陽及
生旺墓之說○末二句謂若誤認為二十四龍何由
知九龍骨身必識得九龍而後九骨之真有在也真謂
子息燕父母與父母之正中

值元為旺龍初失元為平龍再失元為死龍縱然合
格也難支雖沙水環抱禍尽無逃也
四面有水來是為八神齊到圖見陽宅及水龍經
龍要合元局尽安合元凡向有燕宮便是出元之局
末二句言尋龍不可謬認局尽不可慢

此章言水龍八卦龍骨純雜

九龍八卦○○上下三元各有宜葬著
旺龍當代發葬著平龍發跡遲葬著死龍
憂敗絕縱然合格也難支不是八神齊到
穴出元之局莫相依

局以坐向而定○坐向不宜燕而燕○雖毫厘尽亦亦足
致禍

此章言水龍八卦天元之氣運衰旺○

○○惟看貼水城毫釐尺寸要澄清更有

○○兄俱發行運光内
本宫亦○

種能奪氣外洋光透失宮星宮星若重
照

照神若重獨持衙外照過多分氣
平分势
照神之元始發

亂必定分房運改更更有水龍真骨髓○

將對脉論○○更来情若在真元位諸局泰

差一半輕轉折短長純雜屬山中消笋眼

惺惺○

照神論局不論骨故因定局而薰及之運改更言此
房臨照彼房臨意不相同也
對脉與元運相對之水脉也龍身莫非来情此則就
貼穴之水言○
来情是脉位乃局此脉與位合斯能制勝外局来情
之途可以制照神之雜內局来情之親可以制宮星
之雜○若水城寬廣或盡處不合元須另開小水脉
與位合以攬諸局之網○
水城轉折必有純雜之殊其純雜必有長短之異天○
心十道所以當尋也

此章言水龍宮星照神兩氣薰論之法○

五一

蓻照堂傳

四吉四凶分順逆平洋以水為主上元止於三吉各
以對宮下元為輔弼合之又為一吉中元必兼三吉
以上元為輔弼下元止於三吉亦各以對宮上元為
輔弼所以謂之四吉若止元而取下元之四吉
而取上元之四吉則為四凶矣分順逆者九八七三
二一為吉一二三七八九為凶舉上下元以包中元
也此與下三句俱重在局上
父母二卦顛倒輪謂乾與巽上元與下元坐向二卦
顛倒輪值也

而歸重於來情〇

山家大五行〇納甲交中應天象五星二曜
〔留應天象也〕
天元既辨龍神旺九曜〇不純龍力喪此是
〔二吉辨龍也　九曜辨向也〕
化在地八卦顯天心四吉四凶分順逆父
〔陰陽為大五行〕
轉乾坤稟命天樞萬化根在天北斗司元
母二卦顛倒輪向首一星災福柄去來二
死生門青囊萬卷無非假惟有天王是
真經玄空洪範并三合八曜黃泉枉問津
尤恨去來生旺墓害人父母絕兒孫能將

此處低陷之地一望皆是只作界氣看其中高地作
水龍對面看就低中之高擇旺運躍謂之案地求龍
亦可
前後左右之低空必有大小濶狹之殊低空之濶大
者不利向前只利坐後

九曜為喉舌大地乾坤一口吞
即三吉
此章言水龍天元真訣在九曜大五行
秉氣立穴惟此為重而力辨諸家理氣
之非　九曜即三吉龍穴舉於局之中
更說高原無水地亦有隱穴在其際乘高
臨下即江河萬頃低平能界氣高低數尺
合天元一旦繁華諸福至若坐低空在後
山數世箕裘常不替
此章言高低隱穴之法

此處低陷之地火曰以低陷作水看徒水論三元

高原無水地此是低陷之地多者也江北平地龍此
是低陷之地少者也二者與平洋一例但高原以案
地為擦江北以乾流為據

江北中條平地龍○無山切莫強尋蹤雖是

乾流無水道溝渠○點滴有神功隱隱微茫

看水法葬法實與江河同我向乾流指真

水能使上士開心胸○

此章言中州無山平地竟取乾流為水

法與江南似異而實同○

高山坦處近平田莫作山龍一樣看或遇
（湏蕓○山水兩法）

乾原或水際亦將此法論天元○雲陽留得
（然或另有○兩句另為一章　二句疑是衍文系）

天元訣欲向人間種善緣○

山地本不論水此蕙論水次蕙取山水於一元之中
故曰另一格如上元山穴坐離當取艮兌之水下元
山穴坐坎當取坤震之水楊公云雙山雙向水零神
富貴永無貧此意

吉龍謂星體之吉又是值元之龍
山本陽精二語是火陰根陽水陽根陰之意其實山
水皆地之脉皆屬陰與天陽相為配偶

此章言山麓之穴兼論水却天元另一
格也〇
語君葬水勝葬山葬山歲久氣方還水葬
吉龍并旺運三年九載透天關山本陽精
中抱陰陰精是水陽內存葬陽得陰陰漸
長葬陰得陽陽驟伸
此章言水龍速應之理〇
楊公昔日救貧法但取天元水龍合王侯
將相此中求無着禪師親口訣杜陵狂客

爇照堂傳

平洋葬地亦名為山幹燕謂通流大水、

家秘本

不勝愁○四十無家浪白頭只為尋山貪幹

氣○蒼苔古道漫淹留水龍一卷贈知已大

地陽春及早收○

陽宅另有指南篇及天心相宅秘本圖註

悉詳故此篇不復註

第四篇 此篇論陽宅、

人生最重是陽基却與墳塋福力齊宅氣

不寧招禍咎骨埋真穴貴難期建國定都

關治亂築城置鎮係安危試看田舍豐盈

者半是陽基偶合宜、

關係甚大〇

此章言陽宅與陰地並重故建都立邑〇

陽基擇地水龍同不用前篇議論重但比

陰基宜濶大不爭秀麗喜粗雄大蕩大江

黎照堂傳

收氣摩涓流滴水不關風○若得亂流如織

錦○不分元運也亨通○

此章言陽宅龍法一如水龍○故不復論○

但取局面濶大乃可容受○若在多水曲

折之地即不合本元亦可發福○

宅龍論地水神裁○尤重三門八卦排○只取

天元生旺氣引他入室○是胞胎一門秉旺

兩門凶少有吉祥不可留○兩門交慶一門

休○大事歡欣小事愁○須用門門都吉位全

家福祿永無憂三門先把正門量後門房

門一樣裝別有傍門并側戶〇通外氣即

分張設若便門無好位〇一門獨出始為強

此章言陽宅門氣〇

門為宅骨路為筋筋骨交連血脉均若是

吉門兇惡路酸漿入酪不堪斟內路常兼

外路看宅深內路抵門闌外路迎神并界

氣迎風界水兩重闌

此章言陽宅路氣〇

更有風門通八氣○墻空屋缺皆難避若遇

此章言陽宅風氣○

祥風福頓增如遇煞風缺立至○

矗矗高高名嶠星樓臺殿宇一同評或在

身傍或遠應能迴八氣到家連嶠壓旺方

能受蔭嶠壓凶方鬼氣侵○

此章言陽宅嶠氣○

沖橋沖路莫輕猜須與元龍一例排沖起○

樂宮無價寶沖起○四宮化作灰

此章言陽宅衝氣。

村居曠蕩無關鎖地水兼門一同取城巷

稠居地水寬路衢門嶠並司權

此章言陽宅有鄉邨城市之異。

一到分房宅氣移一門恒作兩門推有時

內路作外路入室私門是握機當辦親疎

并遠近抽爻換象出神奇

此章言陽宅分房之異。

論屋神祠理最嚴古人營室廟為先夫婦

藜照堂傳

內房尤特重陰陽配合宅根源〇

此章言陽宅以神祠寢室為最重〇

八〇宅〇因〇門〇坐〇向〇空〇天〇元〇衰〇旺〇定〇真〇踪〇運〇遇〇

遷移宅氣改人家興廢巧相逢〇

此章言八宅以門而定不取坐向即氣〇口反為初之義而歸重於天元衰旺故〇

宅有隨時興廢之巧〇

此是周公真八宅無著大士流傳的〇天醫〇

福德莫安排只好遊年斷時日逢興鬼絶〇

更昌隆遇替生延皆困迎太歲神煞若加
〇
臨禍福當關如霹靂門內間間有宅神值
〇 〇 〇
神值星交互測此是遊年剖斷機不合天
〇 〇〇〇 〇
〇〇〇
元總虛擲
〇
此章言小遊年龍卦必合天元氣運乃
〇 〇
斷吉凶〇
〇
九星層進論高低間架先天卦數推雖有
〇 〇
書傳都不驗漫勞大匠用心機、
〇 〇
此章言層進九星間架之非〇

山龍宅法有何功四〇面山〇圍〇水辨風或有

山溪來界合薰風薰〇水〇兩相從若論來龍

休論結結龍葳穴〇不〇蔵宮縱使皇都并郡

〇〇〇〇〇〇〇〇

會只審開洋不審龍俗言龍去結陽宅此

是時師識見庸待取陽居釀家福山居不

〇〇〇〇〇

及澤居雄〇

此章言山居宅法〇

陰基蔭骨及兒孫陽宅氣〇養此身偶爾

〇〇〇〇

僑居并客館廡堂香火有神靈闊着天元

〇〇〇〇

輪轉氣吉凶如響不容情透明此卷天元

宅〇一到人家識廢興〇

此章言陽宅蔭生人比陰地較速凡有

棲身〇不可不慎〇

心一堂術數古籍珍本叢刊 堪輿類 蔣徒張仲馨三元真傳系列

第五篇　此篇論選擇日時

地利天時古聖言堪輿兩字義相連浪說○
江南無大地但取年月日時利真龍大地
遍江南也要天時一力添初年禍福天時
○福故當薰重○
此章言日時雖不及地氣之司初年禍
驗歲久方知地有權○
諸家尅擇最紛紜拘忌多端惧殺人此家
言吉彼家凶對盡諸書總不同五載三年

精一日○萬般福曜總成空古來天子七月

葬士廢蹯月理不曠年月何嘗有廢興日

時只許論孤旺春秋糞日滿經書但辨剛

柔內外宜禋竈慎梓俱博物豈昧陰陽誤

萬幾諸家選擇盡荒唐斗首元辰失主張○

奇遁演禽皆倒亂不經神授莫猜詳世人

尅擇重干支生命亡命苦相持致使子孫

衝犯眾多年不葬孝心違○

此章言諸家選擇之謬○

豈知死者已無命反氣入地為復命復命

能司造化權生者命從死者定故有仙人

造命法不是干支子平訣渾天寶照候天

星此是楊公親口訣不怕三煞太歲神陰

府空亡俱抹殺年尅歷命有何妨退氣金

神皆亂發一卷天元烏兔經留與人間作

寶筏

此章直指選擇造命之法而歸重於天

星可廢一切神煞拘忌之說

慕照堂傳

推原天地渾混成惟有日月是真精金烏〇〇〇

玉兔本一物五曜四餘從此生人生獨禀〇〇〇〇〇〇

乾坤秀萬物皆是陰陽萌聖人觀象演麻〇〇〇〇〇

法〇干支甲子作天經五行本是陽中氣神〇〇〇〇〇〇

煞〇何曾別有名只將日月司元化萬象森〇〇〇〇〇〇

羅〇在掌心〇〇

此章言造命天星以日月為主〇〇〇

世間萬物各有命不但生人男女定造物〇〇

制器可同推修造葬埋咸取證日月五星〇〇

家秘本

大象同一時八刻一移宮造命玄機時作○

主毫釐千里不相同○

此章言萬事萬物各有命而其機在時○

先將晝夜別陰陽晝夜晨昏出沒詳十二○

宮中三十度大約六度是分疆盈縮授時○

毫末細量天廣尺未能量

此章言用日月湏分晝夜○

二十八宿七政明論宮論度要分明深則○

論宮淺論度一分一秒不容情命入躔宮○

變五氣日月隨命分五行○○五曜四餘扶日○

月生尅衰旺準天平最取用星為福曜有○○

恩有用作干城用若專權為上格忌星一○○

雜福斯輕○○○

此章言十二宮分度躔命五行而歸重

於恩用○

用曜一星落何處陽時陰候分過際冬夏○○○○○

二至陰陽極春秋兩分是平氣平氣陰陽○○○○

用可薰猶着晝夜與宮垣畧過平氣陰陽○○○○○

別○當○極○之○時○禍○福○專○陽○令○惟○用○金○水○字○陰○

令○惟○用○羅○與○火○秋○木○獨○宜○水○薰○宇○春○土○火○

羅○金○計○土○春○在○分○後○須○陰○助○秋○在○分○後○宜○

陽○輔○

此○章○言○四○時○用○忌○之○變○

宮○辰○星○體○兩○薰○收○度○前○度○後○要○深○求○尤○向○

五○星○探○伏○現○逆○來○順○去○并○遲○留○三○方○對○照○

緊○相○随○同○宮○隔○宮○一○例○推○夾○拱○有○情○權○力○

大○日○月○交○受○格○尤○奇○

藝照堂傳

此章備言宮星恩用諸格正變之法〇

身當旺令不須恩但將用曜作根源平令

〇〇〇〇〇〇〇〇

獨恩難發達衰時得用尚無憑以恩為用

〇〇〇〇〇

真至寶以難為用多起倒以恩為忌壽而

〇〇〇〇〇

貧以難為忌身不保〇

〇〇〇〇

此章言恩用離合之法〇

本宮端的管初年宮若不純須舍旃必取

〇〇〇〇〇〇〇

宮身俱妙合長安花滿任揚鞭〇

〇〇

此章言宮星並重之法〇

就中暗曜最難知空地翻成實地司寅戌

兩星光在午丑亥二曜子中依^拱^夾

此章言暗曜變格

更有橫天交氣法寅申有曜夾宮思巳丑^閃^輔

卯宮夾未酉短長多寡度中移^輔

此章言橫天交氣法而姑借亥卯酉三

宮為例

果老星宗此的傳星書卷卷失真詮諸般

格局皆虛假升殿入垣莫掛牽

此章言星書諸格之謬〇

月逢晦朔皆為福何必蟾光三五圓但忌〇
〇〇〇〇〇〇〇〇〇〇〇〇〇〇〇

陰陽當薄蝕七日之內勿爭先太白晝現〇
〇〇〇〇〇〇〇〇〇〇〇〇〇〇〇

經天日難忌洪災恩大權〇
〇〇〇〇〇〇〇〇〇

此章言晦朔薄蝕經天宜忌〇

日魂月魄命之根五德五星應五倫掌握〇
〇〇〇〇〇〇〇〇〇〇〇〇〇

乾坤惟此理璿璣經緯治斯民劉公昔日〇
〇〇〇〇〇〇〇〇〇〇〇〇〇

佐眞主建國行軍掃大荒無奈縣官多失〇
〇〇〇〇〇〇〇〇〇〇〇〇〇

學增添添宜忌漫評章天元秘書今朝啟傳〇
〇〇〇〇〇〇〇〇〇〇〇〇〇〇〇

與羲和佐聖唐○

此章言造命之法○本於天官麻法○大有

作用○

雲陽五曲號天元○雖是人為實至言○普顧

知愚咸解悟○故將俚句廣流傳○一句一聯

包数義通之便是地行仙其中與吉須尋

味○慎勿差訛累後賢○

此章總結五篇而致其叮嚀告戒之意○

玉函眞義天元五歌終

天元餘義

余既作天元歌五篇授山陰呂子門人

于鴻猷輩為之章句其於山龍平原陰

陽二宅之真義既已大暢厥旨無復遺

義然其為文猶引而不發世之覽者若

已知我法則尋文會意表裡洞然如未

知我法徒推測於辭義之間鮮不循涯

而浩嘆者矣癸卯長至薄遊丹陽訪黃

堂丹井之蹟邂逅群彥究論天人抉滯

藜照堂傳

辨疑〇復成篇幅以其反覆雖多〇終不越

五歌之旨故仍謂之天元餘義云爾〇

　　　杜陵中陽子筆

龍法三格辨

龍者借名〇非真龍也亦曰天地之氣而已

矣氣乃純陽龍亦純陽之物以其相類故

借名也〇龍善變化能大能小能屈能伸能

隱能現能飛能潛謂地曰龍者亦以地氣

之變化似之〇世人論龍概舉一法〇不知地

之為氣本一而氣之發用多端余特疏其
名而定為三格一曰高山之龍二曰平岡
之龍三曰平原之龍高山千里來龍分榦
分枝連屬不斷觀其節之槎枒重之甲茁
有本有末與末之根榦枝條無異雖屈曲
輪囷強弱巨細之不同總從大幹中抽引
而出地脉剝換穀起穀伏斷而復斷無慮
不連滄海蓬萊殊方異域之山未有不與
崑崙天柱通根立命者蓋稟天地陽剛之

蔡照堂傳

性歷萬變而質不撓其自大而細也千仞
之山束成一縷之脉其自細而大也一縷
之脉復化為千仞之山蓋其為體隱現在
骨雖穿江渡海而地底石骨自在重泉之
下其氣自上而下自沉而浮此乃地脉真
精髓液固結膠注如珠如玉寶氣流形糞
者穴之骨與骨接髓與髓沾此其為用惟
宜索脉索脉之道微而實顯繼變化微渺
必起穴星譬之於木脉者枝幹而穴則花

房果蒂也譬之人身脉者其骨而穴則骨

將盡際其節隆然者也雖散落平坡之中

萬里遙空四畔無輔而一起星辰接連真

脉皆作山龍而論葬法或石或土以求真

穴追琢自然天巧人工思議都絕此一格

也平岡者高山之餘筋膜膚肉逶迤而下

以入於田原者也其重山岡之中頓起星辰

有脉可尋有穴可求者乃山龍之脫卸變

現原屬山龍不作平岡而論專言平岡者

形○散○而○專○必○待○旺○氣○元○中○乃○能○發○福○葬○法

立○穴○必○有○砂○角○攢○簇○水○城○環○繞○勢○夷○而○待○其

之○氣○論○局○立○穴○純○借○外○氣○乘○元○用○事○此○其

水○相○薰○作○法○以○低○處○作○水○界○定○高○處○土○膚

為○山○低○一○尺○為○水○至○此○乃○可○入○用○蓋○合○山

接○脉○星○體○立○穴○之○道○求○之○俗○所○謂○高○一○尺

來○而○既○不○起○星○只○名○平○崗○此○不○得○以○來○龍

坡○之○下○尋○丈○之○遙○觀○其○地○勢○似○乎○有○所○自

謂○其○龍○不○顯○脉○穴○不○起○星○者○是○雖○近○在○山

一鑿地容棺深不及泉此○一挌也○平原龍者

既無山脉亦無高岡地局至此○雖有高低○

不名起伏○雖有袤延○不名過峽○一切來龍○

格法結穴○星辰總○非所論而其體其用專

在於○水或取江湖○或取溪澗或取池沼或

取溝澮涓滴流漸○情同巨浸人工所鑿力

比天成水行即是○龍行水轉即是龍轉水

分即是○龍分水止即是○龍止蓋大地陽和

與○天一真精陰陽交合孕育內外挌

攝剛柔相涵此坎離代乾坤之妙用不可
以名言者也其為地也必乘元運旺氣而
發應速而力大其龍名水龍穴名水穴譬
之人身山穴其骨而水穴其血此陰中之
陽變動無方葬法不辨土色不穿深礦培
土立穴陽精上浮此一格也凡此三格所
在有之莫謂山國論山水國論水因乎風
土也百粵深山邃谷以至中州漠北平原
曠野之地莫不有用水之法惟高山之穴

不論水故楊公曰山上龍神不下水水裏

龍神不止山其義如此而解者剙謬流傳

既久本旨不彰予藉師授特為世人剖明

之耳山穴雖不取水然或水大於山有時

亦為水神所制必待水局旺元而發平岡

之用水則與平原無異由此言之山一龍

法也水一龍法也雖名三格實二法而止

耳不辨此二者而概名曰龍恐於龍之為

義未有當也

陽宅三格辨

人生禍福之數陰宅居其半陽宅居其半

若陰宅不沾凶氣一遇陽宅吉祥輒致顯

榮若住基正屬哀危縱有佳扦亦難發達

陽宅之不可不重如此予為辨之亦有三

格一曰井邑之宅二曰曠野之宅三曰山

谷之宅井邑之宅或居城郭或居市廛萬

井叢烟重闥比戶地脉朝向大畧相同而

考其吉凶判然各別此其為用街巷道路

為先方隅風門為要而水局次之蓋車馬
人跡咽咽閬閬響振塵飛無非勤氣此其
噓枯吹生歙逼影激不同岑寂之鄉若更
獨得水局舟楫交橫尤為出格之宅得其
之宅以水為主而風門方隅次之道路又
元者百萬驟至鄉相立躋蓋此宅也曠野
次之若大江大河則其應亦大小溝小澗
則其應亦小此與平原局法體格合一而
微有細大之殊各擅一方氣鍾於特若元

三宗一堂獨以坎龍者是蔣公詩云此中便是神仙
宅不識人間甲子年

運綿長奕世承桃子姓不替蓋此宅也山
谷之宅以風為主而餘皆次之蓋其風摩
空而下障之者萬壽而漏之者千億萬竅
怒号排山拔木其吹祥也發不旋踵其吹
咎也殄無遺跡非真得元龍之氣我不敢
居也嗚呼安得三元不替之深山窟宅而
世其麻穸雞犬桑麻與世迥絕擬於仙都
蓋此宅也尤此三宅皆擇堂氣開舒水泉
平衍之地而築之而不關龍脉之結聚世

人謂龍脉結成陽宅此說非也即大而郡
邑更大而京師亦擅氣局非關龍脉其所
謂聚勢聚而已豈有金針玉線纏綿絡繹
而入我之戶牖哉蓋山龍之氣一縷靈光
如花房含露香味細滑但與人之骨體相
沾不堪遍灑於階堂門闌凡陽宅之所收
者外氣而已山川風物把攬光華雲奮電
轉其作用在土泉之表非求之地絡之陰
至於翻卦遊年此占年之小毂非定宅之

正經苟知楊公真八宅之旨則概可畧也

此皆昔人未發之義予特為辨晰以告世

之工於相宅者○

　　覆舊墳辨

語云前事之穀後事之續也前車之覆後

車之鑒也故學地理者莫要於覆舊坟矣

得一義焉按一法焉合之舊墓無有不驗

而後可據以為實或其說雖是而與舊墓

吉凶不合中必有誤當再加考訂而後去

取決焉予弱冠矢志先大父授以青烏之

書數十萬言靡不成誦又遍交時師於當

世地理之說既詳聞之矣乃以按之舊家

名墓徃之不合遂思棄去前說別求名師

後得無極真傳又以所傳印之古先名墓

帝王陵寢以至民間依咎之應探踪尋跡

必楷其實如是者又十餘年而後信其秋

毫不爽於是縱觀天壞始有逢原之樂子

之得力於覆舊也如是然須先得真傳而

後覆舊則絲絲不亂直入正宗不得真傳○

而泛言覆舊反致以是為非以非為是病○

根膠葛永不可拔蓋舊蹟之應驗無差而○

肉眼之品題多妄或其家本發於舊墓而○

反指點為新扦或本發於新扦而反指點○

為舊墓遲速不齊世代相涵此一誤也或○

其家本從陽基而發不知者歸功於陰地○

或本從陰地而發不知者又歸功於陽宅○

二宅分途測應顛倒此一誤也更有一塚

之中○或主穴發福而人反取乎祔葬或祔
葬發福而人反取乎主穴尺尺之內○大奇
逕迤又一誤也更有其地本屬平岡而以
高山之結穴目之或其地本屬水龍而以
平岡之作法目之穴法不明經緯棼亂又
一誤也更有真龍正結已為舊家所得而
下穴之人概非大匠即遇名賢而吝惜天
寶不肯盡法或沾餘氣而福力輕微或揀
旁枝而房分偏駁天然真穴蔵而不露後

人罔知、以為地止此耳、執此論龍、龍法不
盡、執此論穴、穴法并乘又一誤也、更有其
地本從龍穴而應世人謬題為某砂某水、
或其地本從水法而應世人謬題為某龍、
某星、即如陽宅亦有數端、或門路風關一
時驟起、而論者妄揣其來龍或修方外氣
符合元神、而論者偏裝其卦倒凡此之類、
萬路千歧、一聲能眩百明、一聾能塞百聰、
術士矢口訛傳、主家畫為定論、雷同附和、

堅不可攻甚而繪其圖像鑄諸彝器後世

按籍而求凜然著蔡不知其淵源已失寶

也雖有智者孰克從而較正之哉相與沿

襲舊聞而已一旦過高識之士指點真機

訂其訛謬反詫為異說姍笑及之於是覆

舊一條大路湮沒邪蹊狗竇之中莫可救

正矣至於古來陵墓雖班班可考而世數

邈遠真蹟茫然狃於世人傳述之言百無

一實必須自出手眼剪荆棘而露真踪挽

迷津而歸正道然後前人之面目方顯後

學之眼界始開余所為慎言覆舊反覆咨

嗟其意在此若不得真正心傳不具絕倫

識見而汲汲引舊蹟為証將不啟其明反

導其暗我應其愈覆而愈誤也哀哉

真穴辨

平原有平原之真穴山龍有山龍之真穴

皆真穴也而其用則異平原之真穴不接

龍脉不問穴星不辨土色非因天造乃出

人工。此等穴寔合者甚多因其既發競誇
以為得真穴而其所以然之故卒不可得
而知也。此非真得楊公真正口傳心印者
未許目擊而心弉也其為穴也一丘之內自
別榮枯今昔之殊頓移衰旺雖有一定之
踪當隨氣運而轉有外相而無內相外氣
即是內氣山龍之真穴全在內氣有外相
有內相識者必先因外相審其內相外相
與內相召合扦之不失或外相與內相稍

稍不合〇加減就之〇所去不過丈尺之遙〇要
之內相生成尺寸不移石穴〇第一太極次
之真土又次之石穴〇非頑石必有龍口枕
棺之石〇有似琢成正可容棺穴〇為真穴向
即真向太極者〇土穴也〇非謂紅黃青白便
屬真土〇酒此圓之內〇土色靈巧全與此山
不同重重包裹濃淡淺深璀璨奪目太極
即真土也〇而更立真土穴者〇同為真土特
少圍暈〇氣稍散誕故也〇惟真石真土二者

是真穴証佐如無此証佐即非是真穴尼予
生平所下山龍之穴未有不得此証而泛指
為真穴者此等佳穴今人非不知之非不
羨之而百無一遇只緣不知外相耳不知
外相皆因不善審脉不曉星體耳既不審
脉不曉星體而孟浪開鑿從何憶中是求
玄珠於赤水得之者恒少也嗚呼種德之
英不屢見大地之寶不世出其湮沒也宜
哉予體大造無私之心感吾師授受之吉

在掌心刀劍形其用在靶弓弩形其發在

情在蘆織女拋梭動在兩乳仙人獻掌穴

下糞門黃蛇聽蛤其情在耳雁落平沙其

子下戲毬蜘蛛下網心人形下臍陰獸形

下息蛇形下七寸鳳形下翼或下呦珠獅

龍形下龍領虎形下王字象形下鼻竈形

謂總無真訣最悖理者喝形點穴一家曰

公之極慮耳世之論穴者不嘗千萬言我

不忍盡拟耶為辨出以待後賢亦大道為

機響器以吸屬出聲圭瓚以執手為用粗

臺必有粉盒棋盤湏點將軍蘆鞭要識落

花蓮葉宜看側露梧桐葉上偏生子楊柳

枝頭出正心蛇行有毒犬性必狂蜈蚣賣

有蜒蚰猛虎宜見肉案如此之類不勝枚

舉鳴呼彼直以為有其名即真有其物矣

不知天地開闢即有山川人與萬物俱在

其後至於一切器物五帝三王随時割造

彼山川者又安知千萬世後將有此器而

先肖其形以待之哉據此論穴亦愚甚矣

予觀青田先生作記亦用喝形此則眼中

看定真穴而無從顯言故托物寄情緣形

寓巧使後人循文會意彷彿遇之爾豈肯

田者而沾沾喝形為哉又有種種證穴之

法曰明堂證穴曰龍虎證穴曰水城證穴

曰案山證穴曰曜星證穴曰鬼樂證穴曰

天心十道證穴或以案山之高下定穴之

高下或以過峽之浮沉定穴之浮沉或以

龍從左來穴居右、或以龍從右來穴居左、
皆不知真穴消息舍本尋末棄主就賓暗
中摸索有眼盲人而巳似是而非莫此為
甚又有以五星定穴者曰金星宜開口土
星宜掛角木星宜揪皮宜節苞火星宜剪
火水星宜求泡羞為近之而執定五星總
非真旨又世傳楊公十二倒杖故云既知
倒杖之法方知卦例之非夫卦例豈為山
龍之用。而牽合至此真未夢見意楊公亦偶

然携杖登山隨機指點後人神其說以為

穴法在杖爾豈真在杖哉且立穴止有一

法何假十二至於一法之用千變不窮又

豈十二之所得盡哉更有窩鉗乳突四穴

論結穴之理實不外是而四者不可分言

蓋有乳突而後有窩鉗則真窩鉗也無乳突

而但云窩鉗其窩鉗未可輕用也且窩鉗

有假而乳突亦有假辨真假者非真傳法眼

不能也更有蓋粘倚撞四法夫粘撞似矣

而盖與倚何為也哉倚猶可言也盖則必

不可用也無論氣從下過即其穴形必且

高而露矣或曰大龍劍脊而來入穴不再

起星開礦下穴有似乎盖不知此原屬撞

法不可謂之盖也若其裁制之法有曰禾

金相水穴土印木而論者從而析之水曰

金魚曰蝦鬚曰蟬眼砂曰蟬翼曰牛角此

其取義極為精微故又曰若還剖破太極

暈蟻水便侵棺是專以微茫界水為定穴

準繩也我謂金魚蟬翼等喻只是相水作
用○而於乘金穴土印木三者概乎未詳也
夫必先乘金而後相水穴土印木次第可辨
安得斤斤以小界水為第一義也且微茫
之水豈盡本來面目哉山形自開闢以來
不知幾經滄桑耕犁樵劚人跡獸蹄無日
不墮高堙甲移乾換濕而乃欲據此以定
穴○鮮有不誤者皆由學者不知大本大原
真情真體見識不的而用意太深傳授不

明而聰明過巧故好以影響為遍真恍惚

為微妙也真知穴法者一見洞然如明鑑

照物不待旁求無煩苦索不過曰龍脉真

星體確浮沉吞吐前後左右之間求取真

穴而已既得真穴有界水亦得無界水亦

得有蔭砂亦可無蔭砂亦可益山形之顯

著者古今不移而土膚之隱微者水草易

變不敢舍所可見而信其所不可知也有

為至精之論者曰草中之蛇灰中之線雲

中之雁盞中之酥予嘗有味乎其言益別〇
有一種脫落變幻之穴骨與氣消融殆盡散〇
落平夷渺不可測則用此眼法求之無中〇
生有虗中取實正把捉之法非虗渺之談〇
也若非此龍格忌無所用之豈謂凡下穴〇
者盡舍其昭昭而索之冥冥哉世人所指〇
太極乃外象之太極我所論則內象之太〇
極苟不剖破何以容穴若不得真穴雖不〇
剖破蟻水難免既得真穴矣剖破正所以〇

接脉○接脉正所以避水蟻又安従侵棺耶○

○我謂古人設此諸論本欲世人周規折矩○

因此悟審穴之法爾不意一法立而一弊

生焉○解縛之法反成增縛之法故直欲掃

除一切名相之談○單提直指不憚漏泄天

機○犯造物之大忌未審名眼之人○能廓然、

共見否耶○夫穴或在高岩之頂或臨清冷

之淵或絶壁懸崖俯視無底或單身隻立

曠野無依孤露却勝深藏遠朝貴於近案

大地從來多近水眞龍不怕八風搖胎元

既完何須龍虎眞息聚慶奚假明堂至寶

常在路傍無人能識盛德不修夊貌何虜

搜求我為指出亦有三法一曰孕育之穴〇

二曰迎接之穴三曰邀奪之穴孕育之穴

結聚之穴也或腰結或大盡眞龍特出變

化方成有奇脈有正星不是石函須見太

極此穴至美而以世目相之觥見醜拙故

最不易識葬之者大而聖賢仙佛王侯將

相次亦突世簪纓苟非世積陰功忠孝節
義之家不輕指點此穴中第一格也迎接
之穴不必真結而亦此山旺氣變動發生
之機也或起息肉或掛流神扦之法迎
其旺氣接其生機故曰迎接不見石函亦
無太極只要真土潤澤堅凝便為消息大
者亦致公卿次之富貴蕃息斟之酌之亦
真穴也邀奪之穴龍身之穴也真龍方行
未止而龍脊之上勢若三停穴星呈露後

家拟本

見其來前不厭去則立騎龍之穴或轉關
之處真峽之旁節苞萌芽穴星忽現龍身
自去此穴自留則立斬關之穴凡此二穴
隨其龍身之貴稱量而發亦出將相而世
代不能悠遠斟之酌之亦真穴也夫世人
所以昧於尋龍者因其不知龍格之不一
而樂曰真龍於是真龍之理反澗我為辨
平岡平原之異於山龍使尋龍者不澗而
各得其理也世人所以昧於穴法者因其

不知穴法之不一而繫曰真穴於是真穴
之情反涸我為辨迎接邀奪之異於孕育
使求穴者不涸而各得其情也斯予不得
巳之心也要之格雖有三而其法本一故
曰得其一萬事畢穴法之謂也

天元餘義終

三元輪轉風水乘旺口訣四

無極真人雲陽君祖師口授中陽子

大鴻蔣公

上元龍法是如何九妹灣環抱一哥更有

八即朝二母東隣鎮日看西湖

一白元中用離水納坎氣故曰九妹灣

環抱一哥蓋坎乃上元之統龍用艮水

納坤氣故曰八即朝二母用兊水納震

氣故曰東隣鎮日看西湖

三元九宮宗洛書圖

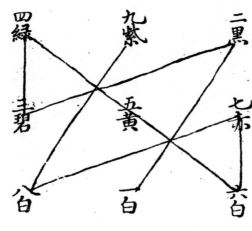

二黑　　九紫　　四綠

七赤　　五黃　　三碧

六白　　一白　　八白

即今與汝中元法○二八來朝生意發要知

四六兩頭關五即從此投胎着○

中元甲子用坤艮幹水發出小枝此語

無訣無人會意○非巽即乾乾水可納巽

氣巽水可納乾氣故曰二八來朝生意

發用乾巽兩水納五黃中宮氣故曰四

六兩頭關五即從此投胎着從此發生

鼎峙於中宮○

下元何處覓佳音子位空空抱午神老母

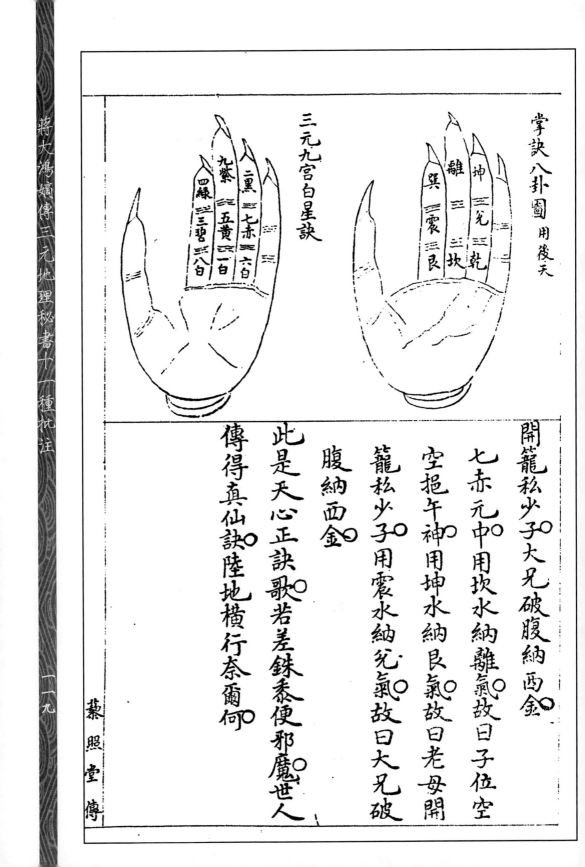

掌訣八卦圖 用後天

坤三兌三乾
離三坎
巽三震三艮

三元九宮白星訣

九紫
二黑 七赤 六白
五黃 一白
四綠 三碧 八白

開籠私少子大兄破腹納酉金○

七赤元中用坎水納離氣故曰子位空○

空抱午神用坤水納艮氣故曰老母開○

籠私少子用震水納兌氣故曰大兄破○

腹納酉金○

此是天心正訣歌若差銖黍便邪魔世人○

傳得真仙訣陸地橫行奈爾何○

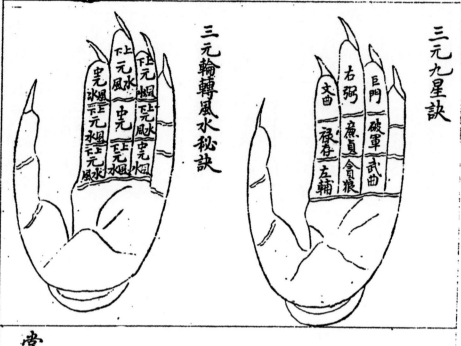

三元九星訣

三元輪轉風水秘訣

巨門　破軍　武曲
右弼　廉貞　貪狼
文曲　祿存　左輔

上元水　下元風　兌水
下元風　兌上元烟
下元烟　兌下元風水
兌水烟　上元風水
兌水　下元烟註元風水

掌訣口訣終

心一堂術數古籍珍本叢刊　堪輿類　蔣徒張仲馨三元真傳系列

一二〇

家秘本

八極神樞　　祖師

言八極之廣黃靈化機宰於此樞也○

一曰○○○

言來脉不雜也曲直一字節節本宮○

微侵旁枝如姦雄在側窺伺神器○

二曰○○○

言來脉不分也一派朝宗會歸我穴○

中道漏洩如盗臣司會國計虛空○

右二極首明擇地之本體○

三日○○○

言○養蔭不枯也深則注○氣蓄則養胎○

太淺太細如瘠田播穀豐年薄登○

四日○○

言形局○不欹也外堂是龍體內堂是

穴星左右後托是為三垣畧無傾斜

扯拽反背之形方欲如平几員欲如

半月玉鈎如太極方成星體稍不足

名曰薄蝕稍有餘名曰彗字皆凶曜

家秘本

也〇

右二極亦言擇地之本體而蕉作法之

形象〇

四極煙圖

亦有一種單提側受傍左立穴以受

右之清真氣傍右立穴以受左之清

真氣輪著元運亦能大發蓋以清真

之氣為正而不以形局為正接局雖

偏坐向四周皆正即端平矣若立穴

傾○及凶不可言○

五日會○氣○
言收氣不漁也外來之氣不散到我
近身須有一口吸入我腹然後成胎
不然不結是為走馬穴不能發福

六日環○衛○
言穴氣須固也即受來氣而成胎立
穴坐無後蔭即天柱空壽星抑左右
無界抱即輔弼孤福星陷

七曰⊕⊕

訂立穴適宜也地形火者立穴不可

太寬太寬則與脉不沾而氣全脱矣

此名死穴地形小者立穴不可太迫

太迫則餘情不展而氣反欝矣此名

凶穴亦有接脉之局諸穴不發而獨

發水底一穴者蓋精華所注非常格

也

八曰⊕⊕

黎照堂傳

言〇穴〇外無〇累〇也〇四周貴平坦遠不可

有〇城垣廢址屋宇橋梁墩阜高崗障

蔽清陽之氣此名壓胎近不可有雜

亂陂塘池井照見方凶奪氣形醜添

煞〇此名觸胎天柱輔弼上不可有橫

拖直撞斜牽反背坵瀆溝澗衝破泄

氣〇此名漏胎皆主大凶〇

右四極皆言作法致廣大而盡精微之

理〇

蔣氏曰、此黃輿建極之神符青囊傳

心之奧旨○

無極道祖演此靈文以授於予遠溯管郭

中歷楊曾近稽劉賴範圍不過左右

逢源後人得此書者神而明之造化

在手是以藏諸金匱勿示匪人有輕

洩者殃及其身以及子孫真枕中之

秘寶之寶也。

八極神樞終

枕中記

無極真人雲陽君冷仙授

中陽子蔣平階大鴻氏述

山龍

凡看山龍務尋出脉○○○陰陽方可審穴

一龍特出收放頻跌將至大結星體呈現

或土或金壇將鋪墊左右護夾交鎖雙關

前朝如揖後衛如送莫問何龍總名曰陰

洋洋平出霞布雲蒸到頭歇脚龍迴虎抱

一二九

家秘本

中間一片平坦寬和或砂或水界割分明

我穴其中萬象皆備莫問何龍總名曰陽

此二脉者凡山皆有其或不合頑土鈍石

不可穴也亦有山形如圓之員尾抱其首

成一太極內氣冲和堂局深隱穴彼極中

峯巒肆應此名囱囝如或少肉此山無穴

又有小山藏大山中根荄隱隱氣象安安

我穴其巔是名囷或如或孤露此山無穴

穴法多端正變不一古人陳迹我難具説

姑舉其要龍有秀麗龍有龐雄龍有端平○

龍有傾仄龍有昂藏龍有塌弱龍有委蛇○

龍有直強龍有柔順龍有拘勞龍有光明○

龍有暗昧龍有深藏龍有淺露龍有生動○

龍有枯寂龍有嚴重龍有輕佻龍有展舒○

龍有逼窄龍有逍遙龍有拖跨龍有關鎖○

龍有殘缺龍有便利龍有澀縮龍有中抽○

龍有旁跌如是所說須以意會不可執一○

登山涉水忽然有得地理之學庶可傳也○

家秘本

古書充棟半屬偽造方術之家以訛傳訛

亥豕陶陰誰克訂正互相鑿柄自為牴牾

風水真機毫無干涉世家大族用其說者

十有九敗或以冷退或以凶終今之州縣

廢址壞基烟消火滅大半此輩庸術誤人

書害之也章句之家師傳父授幼聞習見

其於大意猶不能領刌夫術士僅識字樣

謹守陳言如僧誦經演文而已烏知其義

弘農青田豈伊異人心心相授高視闊步

山川變態今猶古也登高而望孤脈縱橫

何不可知天星卦例繁文彌引累百千言

究何益乎故於一切皆削除之

平龍

凡看平陽先尋○○道水道既得繼觀○○

外勢既得詳觀○○○內形既得再察○○○

地盤合局始審○○○元運維何九宮輪轉

分方遍旺南離西兌東北艮位三方水抱○

名為元上始乾門巽戶二方水遠中黄得氣○

藜照堂傳

蔣大鴻嫡傳三元地理秘書十一種批注

龍腹

龍頭

此言三吉
全傳大地

單局最
一吉謂之
平龍非初
失元之平

家秘本

北坎東震西南坤地三方水聚是惟元會〇〔下〕

其用水也有〇有〇穴腹之法一字橫平

中間微窊如月方半如引上弦流星洩尾

視星之止此〇名垂乳又號嘀珠如是水法
（頭）

源遠流長不割不漏包疊疊界抱層層

三吉之方更有〇靜照風流閒雅美麗端凝

此等大地貴盛無比百中難一不可妄希

必欲求全反招鬼忌單局清純亦可以已

是曰平龍至為要妙曾見小儒乍聞精義

龍也
此段說述馬而不精語焉而不詳者之失
端宕人此段說異

未曉變通按圖取局活剝生吞量尺步于
拘牽束縛不知大象衝撞走飛吉為凶奪
侵邊氣薄掛角情危後坐敧斜前朝破碎
形容拘肪輔弼乘張行止精神輕佻蕭索
如是所作誤人非細外有邪魔平地尋龍
彷彿依稀指為來脉巽辛亥艮又以美名
愚夫酷信牢不可穿減子亡孫悲荊吊泰
其於水法長生起算龍身山向莫知所準
形局不端渙散無紀六煞三形闕不具備

此段說不
識平原之
龍者之害

家祕本

亦有平原○枝腳紛紜山脉無異剝換脫卸○

真地乃結庸師瞎摸龍身取裁剛暴猛勇○

支離臃腫牽連拖沓傴塞澀縮此中作穴○

奇凶具禍如是種種我皆目擊故廣仙傳○

凡以云救聰慧之子舉一反三博學多聞○

師古師今但行所信莫蹈所疑為人種福○

羮殊自種○

按圖乃枝幹相乘之道也猶山龍行

度不取老而取嫩也此法自古無人猜

破今為指出一開生手

左右前後四勢也必須迴環遠抱

而後成地若有一處反背非是

謂星體也方土員金始堪入用水

星次之木火大忌

平洋穴法兩邊後座俱宜平夷惟

對宮宜高如蛾眉如玉帶大砂若反張

是謂臣奴叛主

頭腰山龍有初落中落終落三穴法初

家秘本

為尾中為身○終為首惟水亦然入口處

為尾曲折處為身止息處為首此三處

惟身首可用茫茫庸術只知就水口立

穴而反置頭腹於不問此如食肉者舍

其肥甘而實其枯瘠亦不知味之甚者

矣身首三穴首之取效尤速利救貧欲

火遠須葬腹為上策

○○○○回回曲流星止處其頭特大有畜乳○

喞珠之象水之盡處必如是乃可立穴

若竿頭鼠尾則索然無氣矣既不成星○

馬可立穴須人工其代之○

○蕳○逼此分二義水龍正行未歇忽○

有一枝旁穿猶人懷寶行至中途卻被○

強人截去此之謂割若行行且止不免○

有淺缺處譬如庫藏中物有人盜去此○

之謂漏如無二病方可謂息道○

○乃三吉中但遇一吉即用若力量○

宏大者即財丁兩旺之地天道忌盈慎○

勿求全戒之慎之

⚫乃當面直來之水蓋⚪兩宮直來⚫去

而無情之水⚫止而無情之水⚫斷頭

砂頳⚫尖頭砂頳此平龍六病也若當

面來而曲者曰⚪兩旁來而曲者為⚪

去而勿留者曰顧⚪止而委婉者曰⚪

⚫如此則無刑煞之患而享冲和之正

象矣⚫

以上字⚪字⚪血脈天玉經三傳隱而未

發者○大半於斯矣○學者當合泰之○

枕中記
終

家秘本

醒心篇

杜陵中陽子蔣平楷大鴻氏著

世間萬事半荒唐風水利害不可當上自
王侯及卿相下至溫飽與小康定有墳塋
或住宅獨沾旺氣不尋常孝子慈孫能信
此為親安骨保蒸嘗日日尋師求吉地不
知真假反遭殃
此事天機秘不泄先賢那敢信口說天玉
青囊盡啞謎後人錯解非真訣更有堪輿

黎照堂傳

種種書時師慣掉懸河舌○豈知書假理不
真○誤殺自家親骨血○有等聰明伶倒人○翻
盡經書覆盡空病入膏肓無處醫○縱然弄
巧還成拙○
我失慈親在早年誤依偽訣地三遷一朝
忽受真師秘悟到庖羲一畫前大地山河
如指掌○聖賢心法一絲連○困憫世人都夢
魘○翻然作此醒心篇文雖鄙俗情真切有
福英豪聽我言○

人人盡說山龍好識得山龍未是寶只識

來龍未識穴精華不聚終枯槁況且行龍

有真假正偏向背多顛倒莫貪大地好巒

頭骨化為塵宗祀少

勸君切莫葬深山山深幹老性粗頑四圍

障蔽陽和少穴裏無風氣脉寒必待開洋

數十頃天然嫩脉掛其間此龍絕似閨中

女辨不分明亦枉然

勸君切莫葬高頂四面風搖吹骨冷妄言

空窩山脚平坡皆坐無真頂之病天元歌龍不起頂
非真龍穴不起頂非真穴二語真看山之要訣也

有石脉絕是有真脉

天穴取天清○總是捕風薰捉影○
勸君切莫葬空窩山勢彎弓環圍抱多只說
無風藏氣暖豈知積水穴生波○
勸君切莫葬山脚雖有來形非結作斜飛
硬佳總為砂花假星辰情味薄○
勸君切莫葬平坡坦平一片如氈鋪縱有
微微浪痕起風搏水馮奈愁何
勸君切莫葬墩阜遠山高地牽連就真脉
不來空作堆無骨無筋淨土覆浪說穿田

渡水來○護誇馬跡蛛絲透盞酥雲鴈巧稱

名著眼之時總虛謬○

亦有名扦坐正墩應知○石脉石羅紋此○是

真龍生變化不○然有水抱其○身水纏便作○

平洋論○不問來崗腦與唇○

葬山諸病分明說○還向君家漏真訣但尋○

來脉看生成也○有原形○無破缺蘆鞭倒地○

木之形穿珠落地是金星土宿玉屏皆美

穴○此為上格產豪英、

紫照堂傳

或有流神疊疊來雖無星體亦成胎凝膏

接淓栽培的葬後應須出俊才

貫頂無踪脉未真半山浪湧土生絞穴藏

息肉雙肩孕不怕伶仃不怕貧

葬山三格誰人識只看本身休看客遠朝

近案莫貪求虎缺龍虧何用惜只怕低空

穴裏風外面風吹總非賊

直來直接脉方粘正形正坐四肢寬若下

偏斜蕪側勢頂棺無氣一肩寒雖然地好

終難發且使丁財兩不安請君遍覆山頭

穴〇那個佳城穴坐偏．

更〇有〇石〇龍〇并〇石〇穴〇乃〇是〇幹龍真〇大〇結世人

何德可承擔高著雙眸慢慢說

以上專論山龍自此以下皆言平洋〇

十〇山不及一平〇洋江北江南富貴鄉我見〇

世家諸祖墓大都平地少山崗即今語汝

平洋訣莫看来龍求過峽田塍土阜戒追

尋後托前朝俱抹殺只〇將〇水〇脉作〇龍〇看大〇

幹小枝須辨確水若行時龍亦行水若歇

時龍亦歇

第一莫下大水際雖有灣環氣不住另須

小水界其身一派汪洋皆會翁聚

第二莫下衆水門人言諸水聚天心數道

分流脉渙散風飄水蕩絕兒孫

第三莫下朝水角水來水去情如削雖然

橫界不堪收一旦失元無救藥若朝田角

向其尖即棄旺運猶消索今日安坟明日

啼兵刑火盜瘟瘟作○

此言幹水不堪抨枝水之中亦有嬈形砦○

尖○斜○成火曜近身反去損胎元○

池塘湖沼真龍脉曲水朝迎卿相格一灣○

一○曲但有情下著逢門換朱戟○

不分前後與旁邊坐向端嚴看水沿恨殺○

時師下斜穴欲朝客水遠峯巒本局歌斜○

純煞氣喝君此語縈牢拴○

魯楊世遠不湏題佐命劉湯指點稀天授○

黎照堂傳

真師號無著卓題直指泄玄機〇

四明處處扦名墓三百年來盡朱戶顯出

青囊萬古心〇不是時師舊家數無人信我

醒心篇幕講禪師堪証佐可笑紛紛學地

人〇睜開雙眼如看霧何不向甬水靳江一

問津肯把真詮輕錯過〇

我行荆棘也多年錯理乾坤萬萬千大繆

癡人來說夢相逢都是惡因緣真人一點

泥塗撥捲霧披雲始見天〇日憫世人都夢

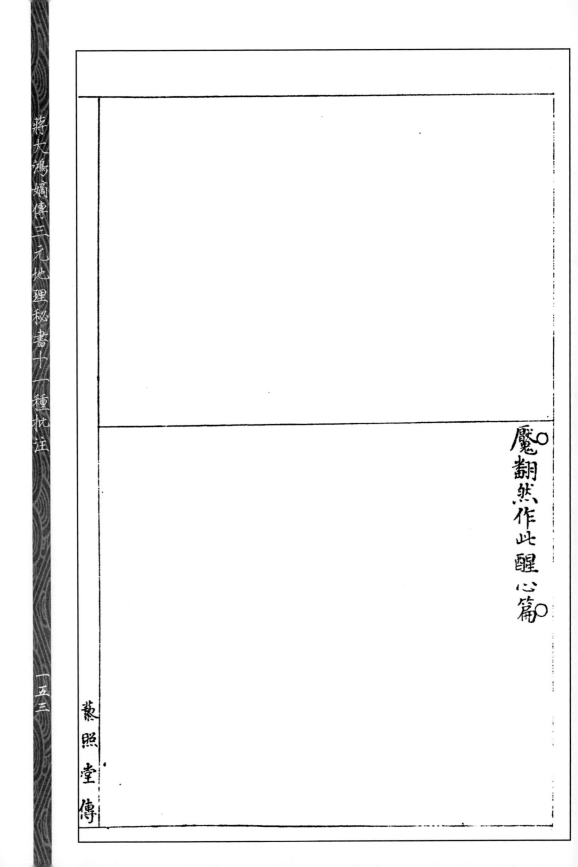

魔翻然作此醒心篇

藜照堂傳

醒
心
篇
終

心一堂術數古籍珍本叢刊 堪輿類 蔣徒張仲馨三元真傳系列

一五四

辨正總論後說約

蔣子作玉尺辨偽既成或問曰子於是書

說謬辨之則既詳矣子謂吉凶之理存乎

地而非方位之所得而限也然則八幹四

維十二支舉無有吉凶之當論乎我聞自

古青烏石匱皆論乎八千四維十二支今

子之所言我心竊疑之願夫子明以教我

曰非也我之所論正為八千四維十二支

前辨已言之矣今子又問者意欲我將天

家秘本

機盡泄耶○夫陰陽之道○始於河洛○河洛之
理數洩於先後天之卦象○先賢取八千四
維○十二支分配八方○而五行兆焉○若地理
舍此則吉凶之應驗○寧不茫然而無據耶○
我所據者○在乎九宮○三元輪運○取貪巨祿
文廉武破輔弼九星○配之○在○○則用一○
白二黑三碧旺氣以趨迎之○○則用四○
綠五黃六白旺氣以趨迎之○○則用七
赤八白九紫旺氣以趨迎之而○八千十二

支隨本卦衰旺其山向之機總不出本元

支干而來龍尤為要訣山地之取龍在乎

高低起伏石骨行龍來脉清純如上元一

白嘗運須離龍自高蜿蜒而下到頭結穴

立向隨地酌取總不出上元三方之旺二

黑三碧亦如之以及中下兩元諸卦無不

如之若平洋之地本乎山龍其理一也但

所用之龍全取乎水其一氣清純不雜他

宮趨旺避衰水宜坐後高宜向前全體三

藜照堂傳

家秘本

元斯為要訣若陽宅朝向開門其引氣收

風悉遵此論

千古不傳之秘一旦盡情剖露心切

利濟群生不避神呵鬼責得此書者

當藏之金匱石室永作傳家之秘寶

萬勿褻玩浪洩致干

天怒戒之慎之

神火精

土實氣靜空則動動則氣縱龍亦遂大塊〇〇〇〇〇〇〇〇〇〇〇〇〇〇共〇

不空氣不通通不知窮何慶弄〇〇〇〇〇生〇

自是時師眼力庸兩水便道夾真龍若是〇〇〇〇〇〇〇〇〇〇知〇

源頭〇差一線陰陽交戰禍來叢脉還〇〇〇〇〇〇〇〇〇

陽和萬類皆為育陰嫌萬彙皆破戮要知〇〇〇〇〇〇萬物〇〇並〇〇〇〇〇〇〇雲〇〇〇

育是神火精戮是脉寒水脫幅〇〇〇〇〇〇〇〇水〇〇〇〇

世人那識神火精真火原從水裏生慘透〇〇〇〇〇〇〇〇〇〇〇〇〇〇〇〇〇

玄空奇妙理水中火氣燈晶晶〇〇〇〇〇〇〇〇〇〇〇〇

霜光訣

好比一編州簾天每逢屋
陳亭光窄千房有陳千
一房且惜此蝀帳輝另入神

善識火者攝其光上下四旁皆有些太近
〇〇〇〇〇遠兜不接接得無傷百物昌　露光
〇〇〇接脉下手竟如何尺寸分明界不模逐宮　若術
〇〇合得真經緯元氣氤氳養太和

太極篇

為君尋龍說真義○尺寸玄微有神異○若還

辨脉不精微○下手之時便心悸○

堪笑時師術未工○兩水便道夾真龍○明師

縱曉龍為水根蒂○陰陽亦尚朦○

先天位有十二幅○幅有陰陽共四六○上貫

乎坔○下貫泉○泉當盡慮天根復○

水到窮時太極明○太極定慮五行根○水徒

太極分方位○猶之山脉祖崑崙○

立穴先須觀太極在乎方位須詳識陰陽○

細辨莫糊塗五行方可論生尅○

誤依卦例不知龍武貪巨輔是為宗合盡

偽書諸吉利無如灾禍日重重○

水之盡處乃龍之止歇處實三下手工夫全在乎此○這個認得着滿局多認着這個認不着滿局多失却二十四位收龍之法精義在此故曰水到窮時太極明太極定處五行根也

太極圖

水窮為太極太極分陰陽五行二十四位
乃龍之二十四位非穴之二十四位也立
穴貼在水窮處即以龍之太極為穴之太
極若穴遠乎浜底一丈二丈則又以穴之
太極收龍頭

平原局法

局法不同乘氣為主有動為坐無動為死

平洋水遠便是真龍此言雖顯微妙難通

水界氣止水近氣鍾氣乘動處各各不同

近南乘坎罟北即中近北離氣乘兌接東

西南乘艮東北坤通近西乘震忌雜寅宮

東南乾氣兌煞莫逢乘巽西北莫轉離風

圓圓地氣乾西兌東物物太極一氣沖融

乘得氣者永吉無凶讓推卦例莫辨金龍

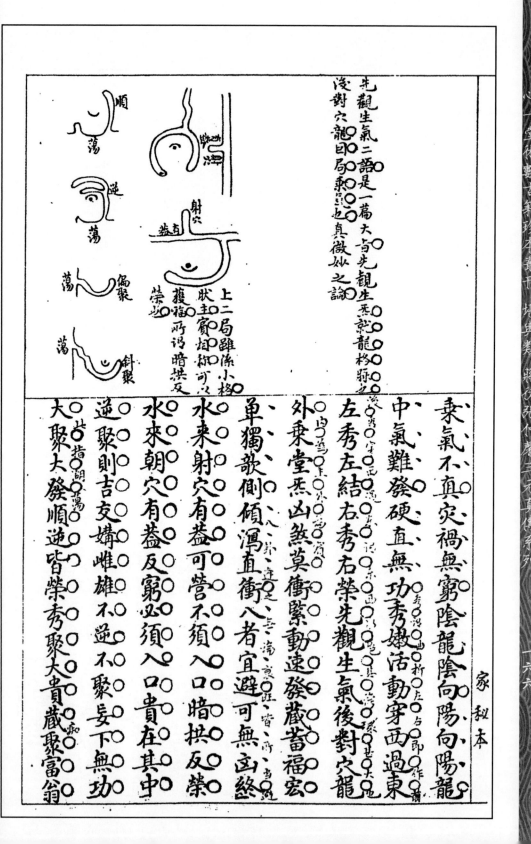

先觀生氣二語是一篇大旨先觀生氣○即龍格骨也

後對穴龍即局勢也○也真徹妙之論

順　蕩
逆　蕩
偏聚　蕩
斜聚　蕩

射穴
益吉
榮必

上二局雖係小格
狀主賓抱柳可以
擭福所謂暗拱反

乘氣不真災禍無窮陰龍陰向陽向陽龍

中氣難發硬直無功秀嫩活動穿西過東

左秀左結右秀右榮先觀生氣後對穴龍

外乘堂氣凶煞莫衝縈動速發藏蓄福宏

單獨歌側傾灣直衝八者宜避可無凶終

水來射穴有蓋反窮必須入口貴在其中

水來朝穴有蓋反榮

逆聚則吉交媾雌雄不逆不聚妄下無功

大聚大發順逆皆榮秀聚大貴藏聚富翁

朝穴有益　朝穴無益

曲水有益便不能引之而内氣巻別引一水為山
氣穴主又嫌不稱所謂有益反窮也惟中元可以五
為窮却可以不窮

偏聚偏發斜聚帶凶龍穴乗煞砂水玲瓏
金木水火金水為榮火木斜直水城莫逢
巨門土宿四獸之中三秀水乗何者為雄
但取先到屈曲情通逆來橫遶無意圓功
洪頭出來内雌外雄内口為進外口出通
必須曲折始得渟泓瀁然直出關閉無踪
不如月池澄然一泓無出無入旺水可容
環拱穴塲乃可蔭龍時師愚眛不識此中
硬談天玉妄說四龍不知乗氣眼目朦朧

黎照堂傳

留此真髓○指點神功勿妄傳示濫授愚蒙○

黃白二氣說

客問地理家平地立局之旨何居蔣子曰

昔有至人玄坐忘形升神太虛乍離黃壤

未即高天垂光俯視萬里如掌諸象莫睹

惟見黃白二氣縱橫四馳散布瀰漫若和

風揚砂動而不疾者黃氣也經緯橫施蜿

蜒不斷勢隆之起綿若匹練聚若瑩雪有

光耀物外柔中堅者白氣也黃氣者大塊

之土氣白氣者江河溪澗之水氣也白氣

界於黃氣之中竝行而分道黃氣所至○遇

白氣輒止○白氣為城垣○黃氣為雲烟○白氣

為囊橐○黃氣為餱糧○地理家依水立局○乘

止氣也○白氣為引○黃氣為隨○泉引所交○其

隨則聚○故水欲其合○白氣直流○黃氣直

白氣蠕動○黃氣瀠洄○直隨則散○瀠洄則聚○

故水欲其抑○白氣一遇黃氣一止○白氣再

遇黃氣再止○如是三四○如是五六○以至於

無窮○少遇則薄○多遇愈厚○故水欲其重○白

無所不出則無所不獲言所得天陽之厚也不必泥

此中間小水穴謂之界之水穴滾圓

折重合合重合重合

底 水欲其底 底

此穴是合此穴是底

若連四隅 不離三式 即此可推

氣白梗黃氣雖止無所依戀無所扳援乃
復左右皆走止而終散必有枝條槎枒氣
乃得留故水欲其界界而平直止而復行
故水欲其圜我穴其圜左右並歸圜水旁
溪圜氣則拐如炊漏釜終朝失飯故水欲
其息若水斷際反為水源黃氣為眾水所
拘遇斷得門衆氣從門而出無所不出則
無所不獲故水欲其底小水在南大水在
北我雖依南不專於南小水在東大水在

家秘本

按蔣公陽宅圖說山自為龍城只是界後其對待
之氣並無回風反氣之說乃知此篇云○尚是蔣公
未定之論否則必是葉九升改本且其上文徒小水
大水說象是先謂大水有反氣與圖註慣○不復錄
遍閱遺書大江大湖經統都邑○來氣亦是界氣與城
郭同非有反氣之可訂惟高樓複特一宮所專始有
回風反氣之如學者辨之○

西我雖依東不專於東親疎分情實主分
勢當知親親而等疎主主而禮賓故大江
大湖之旁外氣內氣交橫於此建都立邑
置宅安堂泰量均衡有不可廢非獨水也
高山茂林巍居峻郭皆足以回風反氣自
高及下迫黄氣之来歸橋梁街道車馬人
跡之所往来亦足以振動黄氣動則引之
使來静則限之使止斯非至精孰能與於
斯乎○

編號	書名	著者	提要
62	地理辨正補註　附 元空秘旨 天元五歌 玄空精髓 心法秘訣等數種合刊	【民國】胡仲言	貫通易理、巒頭、三元、三合、天星、中醫
63	地理辨正自解	【清】李思白	公開玄空家「分率尺、工部尺、量天尺」之秘
64	許氏地理辨正釋義	【民國】許錦灝	民國易學名家黃元炳力薦
65	地理辨正天玉經內傳要訣圖解	【清】程懷榮	秘訣一語道破，圖文并茂
66	謝氏地理書	【民國】謝復	玄空體用兼備、深入淺出
67	論山水元運易理斷驗、三元氣運說附紫白訣等五種合刊	【宋】吳景鸞等	失傳古本《玄空秘旨》《紫白訣》
68	星卦奧義圖訣	【清】施安仁	
69	三元地學秘傳	心一堂編	
70	三元玄空挨星四十八局圖說	心一堂編	
71	三元挨星秘訣仙傳	心一堂編	三元玄空門內秘笈 清鈔孤本
72	三元地理正傳	心一堂編	過去均為必須守秘不能公開秘密
73	三元天心正運	心一堂編	與今天流行飛星法不同
74	元空紫白陽宅秘旨	心一堂編	
75	玄空挨星秘圖 附 堪輿指迷	心一堂編	
76	姚氏地理辨正圖說　附 地理九星并挨星真訣全圖 秘傳河圖精義等數種合刊	【清】姚文田等	
77	元空法鑑批點本——附 法鑑口授訣要、秘傳玄空三鑑奧義匯鈔 合刊	【清】曾懷玉等	蓮池心法 玄空六法 門內秘鈔本首次公開
78	元空法鑑心法	【清】曾懷玉等	
79	曾懷玉增批蔣徒傳天玉經補註【新修訂版原（彩）色本】	【清】項木林、曾懷玉	
80	地理辨正揭隱（足本）附連城派秘鈔口訣	【民國】俞仁宇撰	揭開連城派風水之秘
81	地理學新義	【民國】王邈達	
82	趙連城傳地理秘訣附雪庵和尚字字金	【明】趙連城	
83	趙連城秘傳楊公地理真訣	【明】趙連城	
84	地理法門全書	仗溪子、芝罘子	深入淺出，內容簡核、
85	地理方外別傳	【清】熙齋上人	巒頭形勢、「望氣」「鑑神」
86	地理輯要	【清】余鵬	集地理經典之精要
87	地理秘珍	【清】錫九氏	巒頭、三合天星，圖文並茂
88	《羅經舉要》附《三合天機秘訣》	【清】賈長吉	清鈔孤本羅經、三合訣法圖解
89-90	嚴陵張九儀增釋地理琢玉斧巒	【清】張九儀	清初三合風水名家張九儀經典清刻原本！